AF326038

LE BIENHEUREUX

J.-B. DE LA SALLE

FONDATEUR DE L'INSTITUT

DES FRÈRES DES ÉCOLES CHRÉTIENNES

TROIS DISCOURS

PRONONCÉS DANS LA CATHÉDRALE D'AUTUN

LES 14, 15 & 16 DÉCEMBRE 1888

PAR

Mgr PERRAUD

ÉVÊQUE D'AUTUN, CHALON ET MACON

MEMBRE DE L'ACADÉMIE FRANÇAISE

AUTUN

DEJUSSIEU PÈRE ET FILS, IMPRIMEURS DE L'ÉVÊCHÉ

1889

LE BIENHEUREUX

J.-B. DE LA SALLE

PREMIER DISCOURS

VENDREDI 14 DÉCEMBRE 1888

> *Qui manet in me, et ego in eo, hic fert fructum multum.*
>
> **Celui qui demeure en moi, et en qui je demeure, porte beaucoup de fruit.**
>
> (S. Jean, xv, 5.)

MES BIEN CHERS FRÈRES,

Je donnerais volontiers cette parole de notre divin Sauveur pour épigraphe au poème de la sainteté ; cet émouvant et splendide poème qui est tout à la fois l'œuvre de Dieu et l'œuvre de l'homme.

Car, s'il est écrit, que sans une assistance spéciale d'en haut, méritée par le sang rédempteur de Jésus-Christ, nous ne pouvons rien faire dans l'ordre de notre fin surnaturelle, *sine me nihil potestis facere* [1], il est également écrit que, fidèle à cette même assistance et soutenu par elle, l'homme, malgré sa native faiblesse, devient capable de tout bien. *Omnia possum in eo qui me confortat.* [2]

En vérité, chrétiens, rien n'est grand, beau, instructif comme d'étudier, dans des existences et dans des œuvres qui ont toute la certitude de la plus irréfragable histoire, cette double et réciproque action de Dieu et de l'homme, dont l'accord est nécessaire pour faire un saint.

Avant tout, sans doute (ceci est de foi), il faut que Dieu commence. A lui le premier mot, la première excitation, impulsion ou attraction : *Ipse prior dilexit nos* [3]. Vainement l'homme, même le mieux doué par la nature, multiplierait les efforts et les industries pour construire à lui tout seul l'édifice de sa propre sainteté. Son travail sera frappé d'impuissance, si Dieu, le suprême architecte, n'intervient d'abord pour poser le fondement de l'édifice,

1. Joann., xv, 5.
2. Phil., iv, 13.
3. I^a Ep. B. Joann , iv, 10. Concile de Trente, *De la justification*, session VIe, ch. v, vi, vii.

dont il se réserve de couronner le faîte par le don de la béatitude éternelle ; puis encore, pour aider et soutenir dans leurs efforts ceux qui bâtiront sur ce fondement : *Nisi Dominus ædificaverit domum, in vanum laboraverunt qui ædificant eam. Dei ædificatio estis.* [1]

En effet, Dieu n'entend pas tout faire tout seul. S'il parle et s'il appelle, il faut qu'on lui réponde ; s'il agit sur l'âme pour lui persuader de tendre à la sainteté et s'il met à sa portée les moyens pratiques d'y parvenir, il veut que cette âme corresponde à ces moyens et coopère librement à son action.

Ainsi provoquée aux méritoires ascensions des vertus surnaturelles, l'âme qui se montre fidèle à se bien servir du don de Dieu s'unit à lui, esprit à esprit, cœur à cœur, vouloir à vouloir. *Qui manet in me.*

Dieu se laissera-t-il vaincre en générosité ? Assurément non. Cette âme a voulu demeurer en lui ; à son tour il veut demeurer en elle. *Ad eum veniemus et mansionem apud eum faciemus.* [2]

Cette pénétration mutuelle de l'âme par Dieu et de Dieu par l'âme est évidemment

---

1. Ps. cxxvi, 1 ; I Cor., iii, 9.
2. Joann., xiv, 23.

susceptible de plus et de moins. Dès son premier et plus élémentaire degré, elle constitue l'état de grâce, lequel ne diffère de l'état de gloire que par le mode et l'intensité, non par l'essence. Mais un moment arrive où une correspondance toujours plus exacte à l'action de la grâce donne tout d'un coup des proportions extraordinaires à ce commerce sacré entre Dieu et l'âme. Tandis que celle-ci ne cesse de croître en délicatesse, en désintéressement, en vaillance, en esprit d'immolation, Dieu établit définitivement en elle sa souveraineté ; l'humain se trouve victorieusement vaincu par le divin. *Et ego in eo.* Alors se produit ce que les théologiens, et l'Église elle-même dans son langage officiel, appellent « l'héroïcité des vertus ». Ni la foi ni l'espérance n'ont plus rien de ces intermittences et de ces timidités que le Sauveur reprochait à ses apôtres quand ils commençaient le noviciat de leur préparation à la sainteté. *Modicæ fidei* [1]. Quant à la charité, dans laquelle se trouve « la plénitude de la perfection [2] », puisqu'elle comprend l'amour de Dieu et l'amour du prochain, elle devient cette passion

1. Matth., vi, 30 ; viii, 26 ; xiv, 31 ; xvi, 8.
2. Rom., xiii, 10.

sublime, entraînante, irrésistible, dont il faut dire, avec les saints, qu'elle est capable « de tout souffrir, de tout supporter, de tout entreprendre [1]; qu'elle ne calcule jamais, ni avec le travail, ni avec la fatigue, ni même avec les impossibilités dont elle triomphe en franchissant tous les obstacles, comme la flamme qui jaillit d'autant plus ardente qu'on a fait plus d'efforts pour la comprimer. » [2]

Il n'est peut-être pas aussi difficile qu'on le pense de déterminer avec précision la date précise de cette crise psychologique dans l'histoire des âmes saintes, parce que cette invasion finale, totale, définitivement victo-rieuse du surnaturel, est d'ordinaire le résultat et la récompense de quelque effort ou de quelque sacrifice plus généreux que les autres. « Parce que tu as fait cette chose, dit le Seigneur à son serviteur Abraham, c'est-à-dire, parce que tu n'as pas refusé d'immoler ton fils unique, je te bénirai et je multiplierai ta race. » *Quia fecisti hanc rem, et non pepercisti unigenito filio tuo, bene-dicam tibi et multiplicabo semen tuum.* [3]

---

1. I Cor., XIII.
2. *Imit. de J.-C.*, livre III, ch. v.
3. Gen., XXII, 16.

« Je te bénirai et je multiplierai ta race. »
C'est la fécondité et l'irradiation de vie qui
se font autour des saints, et qui ont pour
principe leurs héroïques vertus. Quand Dieu
s'est ainsi, à fond, rendu maître d'une âme,
il agit en elle, et il fait par elle des œuvres
proportionnées à ses desseins sur son Église
et aux besoins de ses élus. *Hic fert fructum
multum.* Ce sont ces œuvres ou ces fruits qui
permettent à l'Église de porter des jugements
infaillibles sur la sainteté des serviteurs de
Dieu, *ex fructibus eorum cognoscetis eos.* [1]

Je n'ai pas encore prononcé le nom du personnage auquel, j'en suis sûr, mes auditeurs
ont déjà fait l'application de ces principes.
Mais, comme les mathématiciens renferment
dans un théorème d'algèbre l'indication des
combinaisons de chiffres ou de lignes qui
trouveront leur application lorsqu'on les fera
sortir du domaine de l'abstraction pour les
traduire en effets dans le monde des réalités
concrètes, j'estime que la parole de Notre-
Seigneur Jésus-Christ, dont nous venons de
méditer la divine profondeur, contient la
formule très exacte et comme le substantiel
abrégé de la vie, des vertus, des œuvres du

---

1. Matth., VII, 20.

bienheureux Jean-Baptiste de la Salle, prêtre et chanoine de Reims, Fondateur de l'Institut des Frères des Écoles chrétiennes.

D'ailleurs, puisque, grâce à la libéralité de la sainte Église, nous avons trois jours pour célébrer les louanges du serviteur de Dieu, je voudrais vous demander de suivre avec moi, d'aussi près que possible, les phases successives par lesquelles il a passé dans ses constantes ascensions vers la sainteté.

Lui avec Dieu, par la fidélité de ses premières réponses aux premières sollicitations de la grâce, *qui manet in me;*

Dieu avec lui, mais d'une façon transcendante et souveraine par l'éclosion, ou, comme nous le verrons bientôt, par l'explosion des vertus héroïques, *et ego in eo;*

Enfin, lui opérant avec Dieu, qui opère en lui, des œuvres d'une admirable, d'une croissante fécondité, *hic fert fructum multum.* Voilà en quelques mots le résumé de la vie dont nous entreprenons l'étude.

Je place ces discours sous le patronage de Marie, la reine de tous les Saints. Je ne crois pas me tromper en disant qu'elle a fait un accueil tout maternel à ces Bienheureux dont l'Église de France a récemment vu proclamer la gloire par le vicaire de Jésus-Christ, Jean-

Baptiste de la Salle et Grignon de Montfort. Je demande à cette Vierge bénie que ma parole tourne à la plus grande gloire de son Fils, en inspirant à tous ceux qui m'écoutent, et à moi-même le premier, non seulement une admiration respectueuse pour les Saints, mais un sincère et efficace désir de marcher sur leurs traces, de nous inspirer de leurs exemples et de reproduire en nous, comme ils l'ont su faire, les vertus du divin et éternel exemplaire de toute sainteté. *Adspicientes in auctorem fidei et consummatorem Jesum.* [1]

Je veux également, avant de commencer, saluer notre premier martyr, l'honneur de notre diocèse et de notre ville épiscopale, notre glorieux Symphorien, en qui Dieu a fait éclater parmi nous, au second siècle [2], l'admirable influence d'une éducation inspirée par les principes de la foi. Que le généreux fils de Faustus et d'Augusta m'obtienne la grâce de parler comme il convient d'un maître, d'un ami, d'un bienfaiteur de la jeunesse chrétienne !

1. Hebr., XII, 2.
2. Saint Symphorien a été martyrisé en 180, sous le règne de Marc-Aurèle.

I

Nous sommes en 1651, dans l'année qui
partage juste par moitié les gloires d'un des
plus grands siècles de notre histoire nationale.
Il y a huit ans que le prince de Condé a gagné
la bataille de Rocroy et que le trône de France
est occupé par un roi auquel Dieu réserve
un des règnes les plus longs dont fassent
mention les annales des hommes. [1]

Nous sommes à Reims, la ville qui tient
une si grande place dans la touchante histoire
des relations de la Providence avec notre
pays. C'est là que la nation des Francs a reçu
le baptême dans la personne de Clovis. C'est
là que, huit siècles et demi après cette vigile
de Noël de l'an 596, dans laquelle « le fier
Sicambre » avait ployé le genou et la tête
sous la main du saint pontife Remi, notre
Jeanne d'Arc s'est montrée dans tout l'éclat

1. Devenu roi à cinq ans, en 1643, Louis XIV est
mort en 1715, après avoir régné soixante-douze ans.

de sa jeunesse et de ses victoires. Elle y est venue faire sacrer devant elle le prince auquel on donnait naguère le titre dérisoire de « roi de Bourges », et qui, par la grâce de Dieu et de sa messagère la pucelle d'Orléans, est redevenu le roi de France.

A cette époque et dans cette cité, vivait une famille d'origine noble, jouissant d'une fortune considérable. Louis de la Salle, père de notre Bienheureux, était conseiller au présidial de Reims. Un de ses ancêtres avait, dit-on, combattu les Maures en Espagne, sous les ordres d'Alphonse le Chaste. Ce qui est certain, c'est que l'arrière-bisaïeul du magistrat avait été, du temps de François Ier, un des compagnons d'armes de Bayard, le chevalier sans peur et sans reproche, et avait pris part avec lui aux guerres d'Italie.

Le siècle, la ville, la famille : si je pouvais être autorisé à parler ici le langage des louanges humaines, je dirais que toutes ces choses ont grand air. Volontiers, on placerait dans un tel cadre la vie d'un des personnages qui, à cette époque, rendirent leurs noms immortels. Rien de tout cela ne messiérait à un Turenne ou à un Catinat; à un Colbert ou à un Louvois; à un Corneille ou à un Racine; à un Bossuet ou à un Fénelon.

Avec vous, je salue ces illustres contemporains de notre Bienheureux ; car ils ont tous, à des titres divers, honoré l'humanité et la France.

Mais, comme le dit un autre enfant du même siècle, Pascal, dans un admirable fragment de ses *Pensées,* il y a divers ordres de grandeurs.

« Archimède n'a pas donné des batailles pour les yeux ; mais il a fourni à tous les esprits ses inventions. Oh ! qu'il a éclaté aux esprits !

» JÉSUS-CHRIST, sans bien et sans aucune production au dehors de science, est dans son ordre de sainteté. Il n'a point donné d'invention ; il n'a point régné. Mais il a été humble, patient, saint, saint, saint à Dieu, terrible aux démons, sans aucun péché. Oh ! qu'il est venu en grande pompe et en une prodigieuse magnificence aux yeux du cœur et qui voient la sagesse ! Qu'il est bien venu avec l'éclat de son ordre ! » [1]

Eux aussi, mes Frères, sont bien venus avec l'éclat de leur ordre, ces deux Français, ces deux prêtres que, presque dans le même temps, à si peu de distance l'un de l'autre, une sainte vie et une sainte mort ont fait

[1]. Pascal, *Pensées,* art. XVII.

entrer dans les rangs de l'Église triomphante, Jean-Baptiste de la Salle et Grignon de Montfort! [1]

II

Ce qui ouvre la porte de cet ordre, c'est le baptême. Le fils de Louis de la Salle, premier-né de sept enfants, le reçut le jour même où il vint au monde, le 30 avril 1651, dans l'église paroissiale de Saint-Hilaire, aujourd'hui détruite.

Le baptême! Dans les familles vraiment chrétiennes, quel événement! Il ne s'agit pas là, vous le comprenez, d'une cérémonie à moitié ou aux trois quarts mondaine, dont trop souvent, hélas! la vanité fait les frais; à propos de laquelle on sacrifie si aisément à des arrangements de parenté ou à des convenances sociales les intérêts les plus chers de l'enfant et les prescriptions les plus formelles

1. Grignon de Montfort est né en 1673, c'est-à-dire vingt-deux ans après notre Bienheureux; mais il est mort trois ans seulement avant lui, en 1716.

de l'Église, mais, d'un acte sacré, aux proportions infinies, entraînant des conséquences incalculables pour les destinées d'une âme immortelle. Le saint baptême! qui, d'un être chétif et misérable, enveloppé dans une sentence de réprobation et dépouillé des privilèges glorieux auxquels il avait droit dans le plan primitif de Dieu, se trouve tout d'un coup rétabli dans son héritage, et devient fils adoptif du Père céleste, frère et cohéritier de Jésus-Christ! *Hæredes quidem Dei, cohæredes autem Christi!* [1]

Quand je me rappelle la devise donnée plus tard à son Institut par le Fondateur des Frères des Écoles chrétiennes : *Signum fidei* [2], je ne puis m'empêcher de souligner avec émotion le sublime dialogue par lequel s'ouvre l'administration solennelle du baptême.

A celui qui se présente pour recevoir le sacrement de la régénération, s'il est adulte; ou à ses parrain et marraine, s'il s'agit d'un petit enfant, le prêtre adresse la question suivante :

« Que venez-vous demander à l'Église de Dieu ? »

1. Rom., VIII, 17.
2. « Le signe de la foi. » Ces deux mots latins sont l'exergue d'une étoile d'où s'échappent des rayons lumineux.

Réponse : « La foi. »

Le prêtre reprend : « Recevez le signe de la croix tant sur le front que dans le cœur, et que la foi des divins préceptes soit en vous ! »[1]

La foi ! la croix ! Voilà le riche héritage de notre petit baptisé. C'est parce qu'il a gardé fidèlement ce double trésor qu'il s'est uni à Dieu et que Dieu est demeuré en lui, et que Dieu a fait en lui et par lui de grandes choses. *Qui manet in me, et ego in eo, hic fert fructum multum..*

Par je ne sais quel pressentiment inconscient de ce que devait être un jour ce futur instituteur des maîtres chrétiens de la jeunesse, ce précurseur des temps nouveaux et de leurs plus pressantes nécessités, M. et Mme de la Salle avaient donné à leur premier-né le nom de Jean-Baptiste.

Le plus ancien historien de notre bienheureux[2] s'autorise de ce nom pour répéter à son

---

1. Quid petis ab Ecclesia Dei ? — Fidem. — Accipe signum crucis tam in fronte quam in corde. Sume fidem cœlestium præceptorum. (Rit. rom., *De adm. Bapt.*)

2. Le chanoine Blain, de Rouen, qui avait connu J.-B. de la Salle, a écrit sa vie en 1733, c'est-à-dire quatorze ans seulement après la mort du Fondateur de l'Institut des Frères. Cet ouvrage très sincère et d'une

sujet la question qu'avaient faite les parents et amis de Zacharie et d'Élisabeth après la naissance de leur fils.

« Que pensez-vous que devienne ce petit enfant ? » *Quis, putas, puer iste erit ?* [1]

Il y répond en lui appliquant les paroles dites par saint Luc sur le précurseur du Sauveur des hommes : « La main du Seigneur était avec lui. » *Etenim manus Domini erat cum illo.* [2]

En effet, dès le premier éveil de sa jeune intelligence, il fut facile de s'apercevoir que la grâce baptismale fermentait dans le cœur du petit Jean-Baptiste de la Salle. Déjà, commençait le dialogue intérieur de Dieu qui parle et qui demande, avec une âme docile qui écoute et qui obéit.

Ainsi, un jour, au milieu d'une fête donnée par ses parents et qui ne pouvait pas être bien mondaine, dans une famille dont les idées et les habitudes étaient si conformes aux prin-

très édifiante lecture a été la source principale à laquelle ont puisé tous les autres auteurs. C'est également à M. Blain que les Missionnaires de Marie et les Sœurs de la Sagesse sont redevables d'une histoire de leur bienheureux Père Louis-Marie Grignon de Montfort.

1. Luc, i, 66.
2. Ibid., idem.

cipes de la foi, Jean-Baptiste, ennuyé de tout ce qu'il voyait et entendait, alla se jeter entre les bras d'une personne de la compagnie, et lui adressa cette touchante requête : « Lisez-moi la Vie des saints. » [1]

Enfant béni ! Un jour ce recueil s'enrichira de la biographie singulièrement instructive d'un grand serviteur de Dieu. On y lira en traits de feu l'action de la grâce qui provoque aux plus hautes et difficiles vertus, la générosité sans bornes d'une âme qui n'a jamais voulu rien refuser aux sollicitations de la grâce, la surnaturelle fécondité d'une vie humainement humiliée et écrasée ; et cette histoire sera la vôtre. *Quis putas, puer iste erit ? Etenim manus Domini erat cum illo.*

Dès cette époque aussi, s'exerce sur ce jeune cœur une mystérieuse et très forte attraction. Aussitôt que Jean-Baptiste fut en âge de sortir sans être accompagné, il demanda et obtint la permission de se rendre à l'église voisine. « Qu'ils sont aimés vos tabernacles, ô Seigneur, Dieu des vertus ! Mon âme défaille dans le désir ardent qui la consume d'habiter les parvis du Seigneur [2]. » Ces brûlantes

1. Blain, p. 3.
2. Ps. LXXXIII, 2, 3.

paroles de David expriment très bien les élans de précoce piété qui portaient l'enfant à visiter fréquemment la maison de Dieu. Sa tenue devant les autels était un sujet de pieuse édification pour toutes les personnes qui le voyaient si recueilli dans sa prière.

Il était là, comme nos saints livres le disent de Tobie quand il montait, tout enfant, au temple de Jérusalem, pour adorer le Seigneur et lui offrir, selon les prescriptions de la loi, les prémices des récoltes printanières, gracieux symbole de cette jeunesse dont il faisait oblation au souverain Maître de toutes choses. *Pergebat ad templum Domini et adorabat Dominum Deum Israel, omnia primitiva sua et decimas suas fideliter offerens. Hæc et his similia, secundum legem Dei, puerulus observabat.* [1]

Quel modèle pour vous, chers petits enfants que nous voyons grandir dans la vie, après vous avoir bénis dans les bras de vos mères, toujours si pieusement empressées à se trouver sur les pas de leur évêque, pour vous présenter à lui ! Oh ! à l'exemple de Tobie et de Jean-Baptiste de la Salle, aimez à venir dans le temple du Seigneur. Montrez-vous-y

1. Tob. i, 6, 8.

pénétrés de son invisible et auguste présence. Faites voir que votre foi est victorieuse de la légèreté de votre âge et que vous savez ce que c'est que prier ; prier pour tout de bon ; prier, en parlant à Dieu, comme vous parlez à vos parents quand vous avez à leur demander quelque chose ou à les remercier. Comme Tobie encore, et comme Jean-Baptiste, offrez au Seigneur les prémices de votre vie et implorez de lui la plus précieuse de toutes les grâces, celle de connaitre, d'aimer et de pratiquer sa loi sainte.

III

Mais les années passent ; les études commencent ; l'enfant grandit et devient adolescent. Nous voici en 1662, qui fut très probablement l'année de sa première communion, très certainement celle où il reçut la tonsure. [1]

Cette première initiation à la vie cléricale le séparait ostensiblement du siècle et lui im-

1. Le 11 mars 1662. (Blain, p. 9.)

posait la glorieuse obligation de porter la soutane et le surplis. Que de fois sans doute, depuis ce jour, il répéta dans son cœur ces paroles du psalmiste que l'Église place sur les lèvres de ses clercs, le jour où, par la main des évêques, elle leur donne la livrée des serviteurs de Dieu et place sur leurs têtes une mystique couronne : « Quel magnifique héritage m'est échu ! Je bénirai le Seigneur qui m'a donné de comprendre. C'est lui-même, le Seigneur, qui est la part de mon héritage ! » [1]

A cette époque, je le sais, par suite de calculs mondains dont l'Église a eu beaucoup à souffrir, et qui constituaient pour elle, dans ce qu'on appelle « l'ancien régime », une cause fréquente de douloureuses sollicitudes, les cadets des nobles et riches familles, sacrifiés d'avance aux avantages temporels de leurs aînés, étaient souvent dirigés d'office vers le sanctuaire ou vers le cloître. La question capitale de l'appel divin ne tenait presque aucune place dans ces combinaisons de l'égoïsme. C'était le hasard numérique de l'ordre de naissance qui préjugeait la solution de ce problème formidable qui s'appelle une vocation ecclésiastique ou religieuse.

1. Ps. xv.

Dieu merci ! nous n'en sommes plus là, et si les révolutions, violentes ou légales ont abattu des droits, des institutions, des usages qui permettaient à l'Église d'exercer sur la société une action plus profonde et plus décisive, elles ont aussi fait disparaître un abus si préjudiciable au recrutement purement surnaturel de la milice sacrée. Aujourd'hui, mes chers fils du grand séminaire, qui êtes venus nous aider à honorer le bienheureux, vous pouvez rendre ce public témoignage que vous n'avez pas été sacrifiés, contre votre gré, à des considérations d'intérêt terrestre et mondain. Vous pouvez également affirmer, avec saint Paul, que ni la chair ni le sang n'ont eu de part à la détermination librement prise par vous d'appartenir un jour au sacerdoce de Jésus-Christ : *Continuo non acquievi carni et sanguini*[1]. En vous enrôlant pour combattre sous l'étendard de sa croix, vous savez très bien ce qui vous attend : une vie laborieuse, la pauvreté, peut-être la persécution. Et c'est à cause de tout cela que vous vous êtes présentés ! Bénissez le Seigneur qui vous a donné de comprendre et de vouloir. *Benedicam Dominum qui tribuit mihi intellectum.*

---

1. Gal. i, 16.

J'ai hâte d'ajouter que Jean-Baptiste, étant l'aîné de sa nombreuse famille, n'aurait pu en aucun cas, même d'après les idées du temps, être précipité malgré lui dans l'état ecclésiastique, afin d'avantager un des siens. Il savait à quoi il s'engageait et il était pleinement libre, lorsqu'en échange du don que Jésus lui avait fait de lui-même dans la sainte Eucharistie, il ambitionnait l'honneur de le suivre et de se consacrer exclusivement à son service. *Qui manet in me et ego in eo.....*

Quatre ans après, par suite d'un autre abus dont l'Église ne nous oblige pas de regretter la disparition, le jeune tonsuré, qui n'avait pas encore seize ans révolus, était promu à une prébende canoniale, au sein de l'illustre chapitre de l'église métropolitaine de Reims.[1]

A sa place, sans doute, bien d'autres eussent dit : Après un tel début dans la carrière des dignités ecclésiastiques, à quoi ne puis-je pas prétendre ? où n'arriverai-je pas ?

Rien ne paraissait plus plausible que de telles espérances et tout semblait se réunir pour les autoriser. Appartenir à une famille de robe, noble et riche ; se trouver en rela-

---

1. Le 9 juillet 1666. L'installation canonique eut lieu le 17 janvier 1667.

tions fréquentes avec l'archevêque de Reims, fils du chancelier Le Tellier, frère de ce Louvois qui, cette année même (1666) entrait dans les conseils de Louis XIV, dont il devait demeurer pendant vingt-cinq ans le ministre le plus écouté et le plus en crédit : n'était-ce pas tenir en main la clef de la fortune et n'avoir qu'à désirer pour entrer de plain-pied dans les plus hautes charges de l'Église ? *Ascendam in altitudinem nubium.* [1]

Que de telles tentations aient seulement effleuré l'âme si solidement humble du jeune chanoine, on peut hardiment le nier, au nom de sa vie tout entière. D'ailleurs, quand même l'ambition aurait essayé de lui suggérer jamais de semblables pensées, elles se seraient évanouies d'elles-mêmes au souffle de l'Esprit qui lui parlait intérieurement et l'invitait à d'autres ascensions.

« Mon ami, mon disciple, mon fils, monte plus haut ! » *Amice, ascende superius* [2]. Tu aimes déjà la prière. Sois toujours plus appliqué à l'adoration de Dieu en esprit et en vérité. Tu as commencé à pratiquer l'humilité : deviens plus détaché de toi-même et plus vil

1. Is. xiv, 14,
2. Luc. xiv, 10.

à tes propres yeux. Tu as senti les saintes ardeurs du zèle : livre-leur ton âme tout entière et sache que la solide gloire, pour le prêtre, ce n'est pas d'exercer l'autorité, c'est de rendre des services : *Non tam præesse quam prodesse* [1]. Va toujours plus avant dans les saintes profondeurs de la foi mise en toi par le baptême ! Grandis chaque jour dans l'intelligence du mystère des immolations de Jésus-Christ, s'offrant en victime à son Père pour la rédemption des hommes. Ne dis jamais d'aucun effort de vertu : c'est assez et je m'arrête ; mais va toujours en avant, jusqu'aux cimes les plus âpres de la vie parfaite ; sois fidèle à suivre le guide intérieur qui t'appelle à marcher après lui. *Amice, ascende superius.*

En 1670, Jean-Baptiste, qui avait achevé le cours de ses humanités à l'Université de Reims et conquis le grade de maître ès arts, sollicitait de ses pieux parents et obtenait d'eux la permission de se rendre à Paris et d'entrer au séminaire de Saint-Sulpice. Il y trouvait pour supérieur M. Louis Tronson, disciple et second successeur de M. Olier, à qui l'Eglise de France est redevable de la fondation de la

---

1. S. Greg. III, *Lib. curæ past.*, l. II, c. 6.

société sacerdotale, appelée par la Providence à la direction des grands séminaires.

M. Olier ! M. Tronson[1] ! Quels hommes ! quels prêtres ! quels théologiens ! quels directeurs des âmes appelées à la grâce et aux responsabilités du sacerdoce ! Comme ils ont marqué profondément de l'empreinte de leur foi, de leur régularité, de leur humilité, de leur amour pour la vie cachée et crucifiée, de leur obéissance à la hiérarchie de l'Eglise et particulièrement aux évêques et au grand Hiérarque en qui revit l'autorité de l'apôtre saint Pierre, ces deux jeunes gens qu'à vingt ans de distance la Champagne et la Bretagne leur envoyaient pour les préparer à devenir des saints ! Quel honneur pour vous, Messieurs de Saint-Sulpice, d'avoir formé des élèves comme Jean-Baptiste de la Salle et comme Louis-Marie Grignon de Montfort.

Aussi bien, et puisque la reconnaissance est une des formes de cette charité qui répand tous ses feux et brille de tout son éclat dans la cité des élus, il me semble entendre, du sein de la gloire, nos deux Bienheureux redire à la vénérable Compagnie qui a été leur mère

---

1. Il faut nommer encore ici le confesseur de l'abbé de la Salle, M. Baüyn, prêtre d'une éminente vertu, mort, dit M. Blain, en odeur de sainteté.

dans l'ordre du sacerdoce, ces paroles du Psaume CXVIIIᵉ : « Ce sont vos mains qui nous ont façonné. » *Manus tuæ fecerunt me et plasmaverunt me !* [1]

Pour moi, mes Frères, je veux d'abord comme évêque m'associer à l'expression de leur légitime gratitude. Puis, au nom des liens sacrés qui m'unissent à l'Oratoire de France, je leur demande la permission de comprendre aussi dans ce même sentiment de reconnaissance deux prêtres, dont l'un, le P. de Bérulle, fut le directeur de saint Vincent de Paul ; l'autre, le P. Charles de Condren, fut suscité par la divine Providence, pour être l'inspirateur de M. Olier dans l'œuvre admirable et à jamais bénie de l'établissement des grands séminaires. Je payerai ainsi la dette de ma piété filiale à ceux dont le chef auguste de l'Eglise me confiait naguère, sans tenir compte de ma faiblesse, le glorieux héritage.

Ce que fut l'abbé de la Salle pendant son séjour à Saint-Sulpice, son ancien historien le laisse plutôt deviner qu'il ne le dit avec détails. On sut plus tard de M. Leschassier, successeur de M. Tronson, que le jeune acolyte [2],

1. Ps. CXVIII, 73.
2. Jean-Baptiste de la Salle avait reçu les ordres mineurs le 17 mars 1668. Son inscription d'entrée sur

« avait été l'exemple de tous les autres séminaristes ». Le chanoine Blain fait ressortir cet éloge, en rappelant qu'à Saint-Sulpice « on n'est pas prodigue de louanges, et qu'on s'attache davantage dans cette maison à faire des saints qu'à les préconiser ». Il ajoute avec raison que, pour ceux qui ont connu la ferveur dont les séminaristes de Saint-Sulpice étaient animés, ce témoignage est d'une très grande valeur, surtout émanant d'un supérieur dont toutes les sentences « étaient limées, de grand sens, et pleines de l'esprit de Dieu [1] ».

Jean-Baptiste de la Salle eût vivement désiré pouvoir terminer à Saint-Sulpice son cours de théologie en même temps que, sous la direction immédiate des vertueux enfants de M. Olier, il se serait préparé dans les meilleures conditions à recevoir les ordres sacrés. La Providence ne le lui permit pas. A quelques mois de distance, il perdit d'abord sa mère (19 juillet 1671), puis son père (9 avril 1672). Il n'avait que vingt-un ans. Mais il était l'aîné de la famille et le tuteur naturellement indiqué de ses jeunes frères. Il dut prendre le parti de

les registres du séminaire de Saint-Sulpice est conçue en ces termes : « Joannes Baptista de la Salle, acolythus et canonicus Rhemensis, admissus die 18ª octobris 1670. »

1. Page 14.

revenir à Reims pour s'occuper de leur éducation et arranger les affaires domestiques. Il eut soin d'ailleurs, dès son retour dans sa ville natale, de se placer sous la conduite d'un prêtre qui était en renom de sainteté. M. Roland, chanoine théologal, était le digne maître d'un tel disciple.

Sous sa direction forte, austère, profondément évangélique et sacerdotale, l'abbé de la Salle s'affermit dans les vertus et dans les habitudes de piété dont Saint-Sulpice lui avait donné au plus haut degré l'estime et le besoin. La demeure paternelle qu'il habitait avec ses frères devint comme la succursale d'un séminaire, tant la régularité, le recueillement et l'esprit d'oraison en inspiraient tous les exercices. L'assiduité aux offices du chapitre, les hautes études de théologie à l'université, la visite des pauvres ou l'application à quelques œuvres de zèle et de charité, se partageaient les journées toujours si bien remplies du jeune chanoine. Il se disposait ainsi, avec une consciencieuse lenteur, à recevoir les ordres sacrés. Il fut fait sous-diacre à Cambrai, le 11 juin 1672 ; diacre à Paris, dans le courant de l'année 1676. Enfin, après deux nouvelles années de fervente préparation, sacrifiant à l'obéissance les hésitations de la conscience et la religieuse terreur dont il se sentait pénétré en face de la suréminente grandeur et de la sainteté du sacerdoce, il devint prêtre le 9 avril 1678. Ce fut son propre archevêque, M. Le Tellier, qui lui imposa les mains, dans l'église métropolitaine de Reims, le Samedi Saint. Le lendemain, jour de Pâques, sans aucune solennité extérieure, mais pénétré à fond de la sublimité de l'action qu'il allait accomplir, il montait pour la première fois à l'autel, et s'immolait volontairement avec Jésus-Christ, prêtre et victime de son propre sacrifice.

Jean-Baptiste de la Salle, âgé de vingt-sept ans, vient d'être élevé à l'ordre de prêtrise. Quelle direction va-t-il donner à sa vie? Quel emploi va-t-il faire de son sacerdoce? Avec la grâce de Dieu, nous essayerons, demain et après-demain, de répondre à ces deux questions.

*
* *

Je ne terminerai pas ce discours, mes très chers Frères, sans vous féliciter du pieux empressement avec lequel vous avez répondu à mon appel.

Depuis la première heure de ce *Triduum*,

votre affluence dans cette cathédrale, les nombreux actes de religion que vous y êtes venus faire, votre attitude recueillie, nous ont été les très consolants témoignages de l'esprit de foi avec lequel vous avez voulu célébrer avec nous les vertus et la gloire du Bienheureux.

Je vous en remercie pour mon propre compte. De tels spectacles sont bienfaisants pour nos âmes pastorales. Peut - être ne savez-vous pas assez de quelle puissance d'édification et d'encouragement vous disposez au profit de ceux qui ont reçu de Dieu la charge de vous instruire et de vous guider dans les voies du salut.

Je vous en remercie encore, au nom de la sainte Église. Souvent abreuvé d'amertumes par les ingratitudes de ses enfants insoumis, son cœur maternel se dilate dans l'action de grâces lorsque les vrais chrétiens compensent par leur ferveur les outrages que prodiguent à Dieu l'indifférence et l'hostilité.

Je vous en remercie enfin pour la famille du Bienheureux. Il y a soixante et onze ans que les disciples de Jean-Baptiste de la Salle travaillent dans cette ville à élever les enfants du peuple, et font preuve d'un dévouement auquel ne s'est pas toujours proportionnée la reconnaissance de ceux qui auraient eu plus officiellement mission de représenter l'opinion publique au sein de l'honnête et religieuse population d'Autun.

Mais les Frères de nos Écoles chrétiennes sont les dignes fils de leur bienheureux Père. Comme lui, tout pénétrés des sentiments qui animaient saint Paul, ils savent dire avec le grand apôtre : « Nous travaillons de nos mains ; et si l'on nous maudit, nous bénissons ; si l'on nous insulte, nous prions pour nos détracteurs ; si l'on nous persécute, nous voulons tout endurer avec patience. »[1]

D'ailleurs, il est juste, et je suis heureux de le proclamer du haut de cette chaire, en présence de cette immense assemblée, les douloureuses épreuves de ces derniers temps[2] sont bien loin de donner la mesure exacte des dispositions de la cité à l'égard de l'Institut

---

1. Cor., iv, 12.

2. Les deux écoles tenues par les frères à Autun, rue Mazagran et rue Chaffaut, ont été laïcisées, la première le 22 septembre 1886, la seconde le 27 août 1887. En outre, l'administration s'est emparée de l'immeuble de la rue Chaffaut, lequel avait été donné moitié par M. Saulnier, ancien supérieur du grand séminaire, moitié par Mgr d'Héricourt, évêque d'Autun, pour être exclusivement affecté à une école d'enseignement primaire tenue par les Frères.

des Frères et de leur ministère d'enseignement populaire.

Qui donc, avec une promptitude et une générosité dont je porte devant Dieu le souvenir très reconnaissant, m'a aidé à établir nos belles écoles de Saint - Symphorien ? Grâces en soient rendues, après Dieu, à nos nombreux bienfaiteurs! Malgré les pénibles incidents auxquels je viens de faire allusion, il n'y a eu ni un jour ni une heure d'interruption dans les travaux scolaires des maîtres auxquels la grande majorité des parents persistent à confier leurs enfants. J'ai droit d'être fier du concours qui nous a permis de rendre le bien pour le mal, et j'ai le devoir de vous en exprimer publiquement ma gratitude.[1]

Ce n'est pas tout. Il y a peu de jours, une mort prématurée venait frapper un des plus jeunes membres de la communauté des Frères d'Autun. Le cher frère Étienne, qui se réjouissait tant de participer avec nous aux cérémonies du *Triduum*, est allé faire cette fête au ciel, où j'espère qu'il voit de plus près la gloire de son bienheureux Père. Lorsque ses dépouilles mortelles ont été conduites au cimetière, on a vu se dérouler dans nos rues

1. Ces écoles ont pu être solennellement bénies le dimanche 23 octobre 1887.

un nombreux et édifiant cortège. Beaucoup de parents et d'anciens élèves des Frères, devenus jeunes gens ou hommes faits, ont tenu, en cette triste circonstance, à entourer de leurs sympathies leurs bien-aimés maîtres qui ont été consolés dans leur deuil en recevant ces précieux témoignages d'estime et d'affection.

Nous avons aujourd'hui, et nous aurons pendant ces trois jours, au milieu de nous, le vénérable religieux qui, le onzième après le saint Fondateur, a été appelé par la Providence à porter le fardeau de la supériorité générale[1]. Il est venu exprès de Paris pour prendre part à nos fêtes. Qu'il me permette de le lui dire : nous nous réjouissons de sa présence. J'ai été heureux ce matin, quand j'offrais le saint sacrifice pour lui et pour sa nombreuse famille, de me faire, dans le secret de la prière, l'interprète de la reconnaissance publique, et j'ai demandé à Dieu de bénir de plus en plus une institution qui rend de si grands services à la religion et à la France.

1. Le très honoré frère Joseph, élu pour succéder au frère Irlide, mort le 25 juillet 1884.

DEUXIÈME DISCOURS

—o—

SAMEDI 15 DÉCEMBRE 1888.

—o—

> *Domine, quid me vis facere?*
> Seigneur, que voulez-vous
> que je fasse?
> (Actes des Apôtres, ix, 6.)

MES CHERS FRÈRES,

Dans ce colloque entre Dieu et l'âme qui, nous le disions hier, constitue l'émouvant et sublime poème de la sainteté, non seulement Dieu parle, mais il agit, parce que sa parole est une grâce et que toute grâce est une force, une énergie, un principe de vie. *Ipse dixit et facta sunt.* [1]

Aussi, a-t-il le droit d'exiger que nos réponses aux sollicitations de sa grâce ne soient pas de vaines paroles, et qu'elles se traduisent par des effets.

1. Ps. xxxii, 9.

Notre-Seigneur Jésus-Christ s'est expliqué très nettement à cet égard dans le saint Évangile. Ce ne sont pas ceux qui disent avec le plus d'insistance et d'emphase : « Seigneur ! Seigneur ! », ni qui multiplient les protestations verbales, les professions de foi, les formules de dévouement, qui entreront dans le royaume des cieux ; mais « ceux qui feront la volonté de son Père ». [1]

Bien penser, il le faut ; bien vouloir, il le faut encore. Mais ni « le bien penser », ni « le bien vouloir » ne suffisent. Il est encore indispensable d'y ajouter « le bien faire », c'est-à-dire faire ce que Dieu veut et comme il le veut.

I

Rappelons-nous, mes chers Frères, la première prière qui a jailli de l'âme de saint Paul, sous le coup de la grâce soudaine qui transformait en chrétien et en apôtre l'obstiné pharisien et le persécuteur acharné de la reli-

1. S. Matthieu, vii, 21 et suivante.

gion de Jésus-Christ : « Seigneur, que voulez-vous que je fasse ? » *Domine, quid me vis facere !*

Une telle prière, quand elle est accompagnée des conditions nécessaires de sincérité, d'humilité, de persévérance, provoque toujours Dieu à répondre ; et sa réponse, c'est d'inspirer à l'âme, ainsi que le dit l'Église dans une de ses oraisons liturgiques, « les saints désirs, les conseils droits et les œuvres justes. » [1]

Toutefois, et cette remarque est d'une haute importance, Dieu ne suit pas toujours la même ligne de conduite pour révéler à ses serviteurs ce qu'il attend d'eux.

Tantôt, du premier coup, il renferme dans une seule indication l'énoncé formel des desseins dont il les appelle à être les ouvriers et les collaborateurs. Ainsi a-t-il procédé pour Pierre, André, Jacques, Jean et leurs compagnons. « Laissez vos filets ; venez après moi : je ferai de vous des pêcheurs d'hommes. » [2]

De même, dès le moment où s'est opérée l'admirable conversion de saint Paul, il lui a indiqué de la façon la plus nette le travail

---

1. Deus, a quo sancta desideria, recta consilia et justa sunt opera. (*Miss. Rom.*, Miss. pro pace.)

2. Matth. iv, 19 ; Marc, i, 17.

auquel il entendait l'employer, et les conditions de ce travail. « Celui-ci sera un vase d'élection, il portera mon nom devant les nations, en présence des rois et des enfants d'Israël ; et je lui montrerai combien, pour mon nom, il aura à souffrir. » [1]

D'autres fois aussi, ses desseins ne se révèlent que peu à peu, d'après une loi dont lui seul détermine le mode d'évolution et les phases successives. Il conduit ses élus par des chemins dont ils ne connaissent d'avance ni les détours ni les surprises ; et le but final ne leur apparaît que lorsqu'ils ont traversé, les unes après les autres, un certain nombre de préparations préliminaires.

Ce fut cette seconde méthode qu'il plut à Dieu d'employer, en réponse aux ardentes prières que le jeune chanoine de Reims lui adressait pour arriver à connaître sa volonté sur le plus utile emploi de sa vie sacerdotale.

Nous l'avons laissé à ce moment solennel de sa vie où il venait d'être élevé au saint état de prêtrise et de célébrer sa première messe. A la fin du même mois qui avait vu s'accomplir ce grand événement, l'abbé de la Salle

---

1. Actes des Apôtres, IX, 15.

avait la douleur de perdre le guide spirituel sous la direction duquel il s'était placé à son retour de Saint-Sulpice.

Avant de mourir [1], le chanoine avait demandé à son disciple de veiller sur une petite congrégation de filles qu'il avait fondée sous le vocable de l'Enfant Jésus et qu'il destinait à devenir des maîtresses pour les écoles et les orphelinats.

L'exécution de ce pieux désir, légué par le défunt au zèle et à la charité de l'abbé de la Salle, fut le point de départ de sa vocation définitive et l'occasion dont la Providence se servit pour l'amener peu à peu à connaître et à réaliser l'œuvre essentielle de sa vie, de celle qui, dans le plan divin, devait l'élever jusqu'à la sainteté. C'est, en effet, une chose bien digne de réflexion et singulièrement encourageante pour la famille religieuse du bienheureux : on ne saurait séparer l'un de l'autre ces deux desseins de Dieu, de se servir de Jean-Baptiste de la Salle pour réaliser dans l'Église le bien dont il devait lui donner l'inspiration, et de se servir de ce bien pour faire de Jean-Baptiste de la Salle un saint. A vrai dire, ce ne sont là que les deux parties corré-

1. 27 avril 1678.

latives d'un même plan dont l'unité se montrera de plus en plus à mesure que nous avancerons dans l'étude de sa vie ; il fallait un saint pour accomplir une telle œuvre ; et c'est parce qu'il a fait cette œuvre comme Dieu le voulait que l'abbé de la Salle est devenu un saint.

Mais de quoi s'agissait-il ? — De former des maîtres pour élever chrétiennement les enfants du peuple.

La France avait-elle donc attendu jusqu'à la fin du dix-septième siècle pour ouvrir des écoles aux enfants des ouvriers et des petits commerçants dans les villes, des agriculteurs dans les campagnes ?

Cette question vaut la peine d'être sérieusement étudiée. J'estime que ce ne sera pas une digression d'y consacrer une partie de ce discours.

II

Bien des fois, depuis dix ans, nous avons dû entendre dire que l'enseignement primaire dans notre pays datait de la révolution accomplie à la fin du siècle dernier. Jusqu'à cette époque, il y aurait eu, de la part du clergé et de la noblesse, avec l'appui de la royauté, une conspiration ayant pour but de maintenir les classes laborieuses dans une ignorance qui était la meilleure garantie de leur servitude. C'est seulement en 1789 qu'elles auraient été affranchies intellectuellement et politiquement. La connaissance de l'alphabet et de l'orthographe chez les gens du peuple serait contemporaine de la Déclaration des Droits de l'homme. Tel est le thème sur lequel reviennent sans cesse certains publicistes, ou certains orateurs politiques, quand il s'agit de discréditer l'Église et de provoquer au profit de l'enseignement laïque tantôt les faveurs de l'opinion, tantôt les largesses du budget.

Or, mes chers Frères, cette thèse qui prête si bien aux amplifications et aux déclamations de la presse ou de la tribune est formellement contredite par l'histoire.

Que, depuis cent ans, le grave problème de la diffusion de l'instruction primaire ait toujours préoccupé davantage les hommes d'État et les gouvernements : cela est incontestable, et personne n'applaudirait plus sincèrement que nous à ce déploiement de zèle pour éclairer les ignorants et les pauvres, si, trop souvent, il ne devenait une arme de guerre dont on se sert pour attaquer les croyances et pour blesser les consciences. Mais dire que l'instruction primaire est une découverte récente à laquelle on puisse assigner sa date, comme s'il s'agissait de l'invention du télégraphe électrique ou du téléphone : cela est insoutenable.

De savantes investigations ont permis de retrouver dans nos bibliothèques et dans nos archives un grand nombre de documents officiels et de statistiques à l'aide desquels on peut établir que, pendant tout le moyen âge et dans la première partie des temps modernes, il y a eu en France beaucoup d'écoles primaires.[1]

Je ne suis pas venu faire ici une conférence

1. Tous ces travaux, d'un si haut intérêt dans la crise que nous traversons, se trouvent très bien résumés dans une introduction historique placée en tête de la *Vie du Bienheureux*, de M. Armand Ravelet, éditée par la maison Mame, de Tours, à l'occasion de la béatification. Cette introduction est due à la plume très compétente d'un ancien élève de l'École des chartes. Parmi les historiens ou bibliophiles qui ont remis en lumière les nobles efforts faits par nos pères en faveur de l'instruction des classes populaires, nous avons droit de citer avec une légitime fierté M. Anatole de Charmasse, membre de la Société Éduenne, auteur de l'ouvrage intitulé : *État de l'instruction primaire dans l'ancien diocèse d'Autun, pendant les dix-septième et dix-huitième siècles.*

d'histoire, et ce n'est ni le temps ni le lieu de produire les textes nombreux et décisifs qui prouvent l'existence de ces écoles. Je me bornerai à rapporter quelques-uns des faits les plus saillants ou qui nous touchent de plus près.

Ainsi, j'aime à rappeler ce témoignage qui ne saurait nous laisser indifférents, puisqu'il s'agit de Cluny, cette antique gloire de notre diocèse. « Il serait difficile, disait saint Udalric, contemporain du pape saint Grégoire VII, que le fils du plus grand roi pût être élevé dans le palais de son père avec plus de sollicitude qu'on n'en témoigne aux plus humbles enfants du peuple, élevés dans cette abbaye de Cluny. » [1]

Dans son *Traité de la visite des diocèses*, publié par Gerson, en 1400, l'auteur consacre un chapitre spécial au compte rendu que doivent se faire présenter les évêques sur la situation des écoles paroissiales.

Des canons disciplinaires, édictés dans un certain nombre de conciles du seizième siècle,

---

1. Ut tandem de pueris concludam, sæpe numero videns quo studio die noctuque custodiantur, dixi in corde meo difficile fieri posse ut ullus regis filius majore diligentia nutriatur in palatio quam puer quilibet minimus in Cluniaco. (S. Udalr., livre III, ch. VIII, cité dans *les Moines d'Occident*, de M. de Montalembert, VI, p. 167.

prouvent quelle importance l'Église attachait à l'instruction des enfants du peuple, puisqu'elle allait jusqu'à menacer du refus des sacrements les parents qui se montraient négligents à envoyer leurs enfants aux écoles.

Dans la seule ville de Paris, au commencement du siècle qui vit naître Jean-Baptiste de la Salle, à la suite de quarante années de guerres civiles et religieuses qui avaient amené une désorganisation générale de tous les services publics, on ne comptait pas moins de deux cent quatre-vingt-quatorze écoles.

On peut donc l'affirmer avec les preuves à l'appui : l'enseignement primaire existait non seulement avant la Révolution de 1789, mais antérieurement à l'abbé de la Salle.

Il y avait toutefois une grande lacune à combler.

Sans doute, ces nombreuses écoles ne fonctionnaient pas sans maîtres. Néanmoins, on peut le dire, c'étaient les maîtres qui faisaient défaut, si l'on entend parler de maîtres préparés d'une manière spéciale au double ministère de l'enseignement et de l'éducation.

Que faut-il, en effet, mes chers auditeurs, pour former un maître, un bon maître, un maître vraiment complet?

III

Quatre conditions sont rigoureusement indispensables et doivent être réunies dans l'instituteur pour qu'il soit à la hauteur de la mission dont les familles et la société tout entière lui délèguent la charge et la responsabilité.

Voici ces quatre conditions :

1º Une science suffisante; puisque nul ne peut donner ce qu'il n'a pas lui-même.

2º Une méthode pédagogique qui permette au maître de transmettre à l'élève ce que celui-ci doit apprendre. Autre chose est de savoir, et autre chose d'instruire. Tel peut être très savant pour son propre compte et en même temps très incapable de faire passer dans l'esprit des autres la science dont il est pourvu. Les diplômes ou brevets qui attestent de la part du maître la science suffisante sont donc loin de suffire, même en ce qui concerne la partie purement technique des fonctions de l'enseignement. Il faut encore une discipline, un art, une expérience, qui puissent rendre profitable à l'enfant la science de son maître.

3° La vertu.

En effet, il ne s'agit pas seulement, pour le maître, de développer chez les élèves l'aptitude à savoir. Platon a dit cette belle parole : L'homme doit chercher la vérité avec toute son âme [1], c'est-à-dire avec son cœur et avec sa volonté, en même temps qu'avec sa raison. C'est aussi l'âme tout entière de l'enfant que le maître a charge de développer et dans laquelle il doit sans cesse exciter, parallèlement à l'amour du vrai, l'amour du beau et du bien.

Ici, ni la science, ni les meilleures méthodes pédagogiques ne peuvent suppléer à la vertu personnelle du maître, seule capable d'accomplir cette partie la plus importante de son mandat.

Une des plus lamentables erreurs de notre temps est, sans contredit, l'élimination de ce troisième élément, dont les païens eux-mêmes avaient proclamé la nécessité en des termes qui devraient inspirer de salutaires réflexions aux auteurs des nouveaux systèmes d'éducation.

1. Platon, *De la république*, livre VII.

Que disent en effet à ce sujet Sénèque, Juvénal, Quintilien? Je ne puis jamais relire leurs paroles sans me sentir profondément humilié pour cette raison moderne qui, en se séparant de la foi, s'est mise tellement au-dessous de la sagesse purement naturelle de ses honnêtes païens.

Suivant Sénèque, la mission de l'instituteur de la jeunesse l'emporte sur celle du magistrat qui siège au prétoire pour juger les procès de ses concitoyens. Pourquoi ? Parce que l'instituteur a charge d'apprendre à la jeunesse « ce que c'est que la justice, la piété, la patience, la force et le bien de la bonne conscience ». [1]

Mais comment le maître transmettra-t-il à ses disciples toutes ces grandes et saintes choses, nécessaires au développement des facultés morales, si lui-même ne les possède pas? Comment réalisera-t-il l'obligation où il se trouve de les inculquer fortement au cœur et à la volonté de ses élèves lorsque ceux-ci pourront s'apercevoir que la vie de leur maître est en contradiction formelle avec ses enseignements ?

Ce n'est pas tout.

1. Sen., *De tranquillitate animi.*

Quand il s'agit du ministère de l'éducation, de ce ministère dans lequel le maître est le fondé de pouvoirs des parents, lesquels eux-mêmes doivent se considérer comme les délégués de Dieu, ni Juvénal ni Quintilien n'hésitent à prononcer un mot qui anticipe sur la langue chrétienne.

« Les âmes délicates des enfants, dit Quintilien, doivent être protégées contre le mal par la *sainteté* du maître. » Juvénal ne s'exprime pas différemment. [1]

4° Enfin, ce maître suffisamment instruit, armé d'une bonne méthode pédagogique, rempli lui-même des vertus sans lesquelles son ministère d'éducation morale serait frappé de stérilité, doit avoir encore le dévouement professionnel. Il ne lui suffirait pas d'être très vertueux pour son propre compte, s'il ne se sentait pas le courage de se dépenser incessamment, esprit et cœur, corps et âme, dans la tâche difficile, longue, ingrate, parfois rebutante, que ses fonctions lui imposent.

---

1. Ut teneriores animos ab injuria *sanctitas* docentis custodiat. (Quint., *Inst. orat.*, l. II, ch. ii.)

Voici le vers de Juvénal auquel il est fait allusion :

Qui præceptorem *sancti* voluere parentis
Esse loco........................

(Juv., *Sat.* vii, v, 209.)

Sans doute, les enfants ont leurs qualités charmantes et pleines d'attraits ; mais qui ne connaît leurs défauts ? Or, comment en venir à bout ? Comment former en eux le caractère, l'empire sur leurs passions, la volonté courageuse et persévérante, l'esprit de sacrifice, l'habitude de mettre toujours au premier rang la loi austère du devoir, le respect de la règle, la soumission à la discipline, si l'on n'est pas cent fois décidé à ne se rebuter d'aucune lenteur, d'aucun obstacle, d'aucune résistance ; en un mot, si le maître ne met au service de ce labeur un dévouement dont il puisse être dit, comme de l'amour de Dieu, que « sa mesure est de n'avoir pas de mesure ? »[1]

Un éminent éducateur de notre siècle, auquel il a été donné de réaliser à la lettre dans un sacrifice sanglant la totale immolation de lui-même, le P. Captier, prononçait en 1860 ces nobles paroles qui étaient à son insu la prophétie du genre de mort auquel la Providence le réservait : « Pour devenir un maître parfait, il faudrait avoir passé par le martyre. »[2]

1. S. Bernard, *Traité de l'amour de Dieu*, ch. i.
2. *Discours et Conférences sur l'éducation*, p. 107. Le P. Captier, dominicain du tiers ordre enseignant, a

Assurément, Dieu n'exige pas de tous ceux qui ont charge d'élever la jeunesse ce témoignage terrible et glorieux de leur bon vouloir. Mais de tous, sans exception, s'ils ont conscience de l'incomparable grandeur de leur mandat, il demande ce que j'ai appelé un dévouement total et sans relâche, perpétuellement alimenté par l'amour de Dieu et par l'amour des âmes.

Parents chrétiens qui m'écoutez, je viens de vous rendre un service de premier ordre. Méditez ce que vous venez d'entendre sur les conditions que vous avez droit d'exiger des maîtres auxquels vous confiez vos enfants. Vous avez en elles la vraie pierre de touche avec laquelle vous saurez discerner entre ceux que Notre-Seigneur Jésus-Christ aurait appelé des « mercenaires » et ceux qui sont dignes de vous suppléer en s'acquittant du sublime ministère de l'éducation.

C'était précisément de tels maîtres qu'il s'agissait de former. Vous comprenez l'importance et aussi la difficulté de l'entreprise.

Lorsque Dieu suscita, pour l'y appliquer, le chanoine de Reims, elle répondait à une nécessité universellement sentie.

été massacré, le 25 mai 1871, par les fédérés enrôlés sous le drapeau de la Commune de Paris.

De divers côtés, en effet, se produisaient des essais qui prouvent combien, à cette époque, on comprenait le besoin de doter la France d'une institution capable de préparer des maîtres pour l'œuvre des écoles populaires.

A Reims, le chanoine Roland; à Rouen, un religieux minime, le P. Barré; dans la même ville, un pieux laïque, du nom d'Adrien Nyel, s'efforçaient de venir en aide aux enfants des classes ouvrières des deux sexes, et cherchaient à discipliner des maîtres et des maîtresses pour la tenue des écoles.

Une grande dame de Rouen, après avoir longtemps scandalisé cette cité par son luxe insensé, ses habitudes mondaines, son insouciance et sa dureté à l'égard des petits et des pauvres, avait eu la grâce de se convertir d'une façon éclatante; adonnée aussitôt à la vie la plus pénitente, elle employait sa fortune en œuvres de zèle et de charité. Mme de Maillefer (c'était son nom), originaire de Reims et parente éloignée de l'abbé de la Salle, secondait de son mieux les louables efforts faits par M. Nyel pour établir des écoles de garçons dans la capitale de la Normandie.

Il semble en vérité que l'esprit de Dieu souffle en ce moment sur la France et prépare l'éclosion d'une grande œuvre. *Spiritus meus*

*in medio vestrum ; adhuc unum modicum,
et commovebo cœlum et terram.* [1]

Longtemps avant que l'abbé de la Salle
parût être suscité de Dieu pour la commencer,
un prêtre de grande vertu, très mêlé au mouvement réformateur de la discipline ecclésiastique, M. Adrien Bourdoise, écrivait ce qui
suit à M. Olier.

Après avoir exposé brièvement la nécessité
d'établir des écoles où la jeunesse du peuple
pût être élevée « dans un esprit surnaturel »,
M. Bourdoise ajoutait :

« Pour moi, je le dis du meilleur de mon
cœur, je mendierais volontiers de porte en
porte pour faire subsister un vrai maître
d'école.....

» Je crois qu'un prêtre qui aurait la
science des saints se ferait maitre d'école,
et par la se ferait canoniser. »

Vous venez d'entendre la prophétie, vous
allez voir sa réalisation.

1. Agg. ii, 7.

IV

Il arrive souvent dans la conduite providentielle des affaires de ce monde que de minimes circonstances, d'apparence fortuite, donnent naissance aux plus grandes choses.

Mme de Maillefer, dont nous avons parlé plus haut, désirait étendre à Reims, sa ville natale, le bienfait d'écoles gratuites pour les garçons, dont elle avait eu le bonheur de doter la ville de Rouen. Elle ne crut pouvoir mieux faire que de charger de l'exécution de ce dessein le pieux et zélé M. Adrien Nyel qu'elle adressa pour cet effet à M. de la Salle.

Ce fut dans le parloir des sœurs de l'Enfant-Jésus, peu de temps après la mort de M. Roland, que M. Nyel rencontra le jeune chanoine et lui présenta la lettre d'introduction de sa cousine, Mme de Maillefer.

Non seulement l'abbé de la Salle accueillit avec une charitable bienveillance l'homme de bien que sa parente lui recommandait, mais il offrit à M. Nyel l'hospitalité de sa maison. Peu de temps après, deux écoles étaient successivement ouvertes sur les paroisses de Saint-Maurice et de Saint-Jacques. Non content d'avoir favorisé de ses démarches et de son crédit l'établissement de ces écoles, l'abbé de la Salle les visitait presque chaque jour et donnait aux maîtres que M. Nyel avait amenés avec lui les plus sages conseils pour les aider à se bien acquitter de leur importante mission.

Au mois de décembre 1679, à l'époque de la fête de Noël, dans le but de rendre plus faciles et plus fructueuses ces relations de direction pédagogique et spirituelle, l'abbé de la Salle proposa aux maîtres de venir prendre leurs repas chez lui. De cette façon, il les voyait deux fois par jour, sans dérangement pour personne, et son action sur les esprits et sur les âmes gagnait en profondeur et en intensité.

Où devaient le conduire ces démarches progressives? Il l'ignorait lui-même. Docile à la parole et à la grâce de l'Évangile, il allait au jour le jour, à la suite de la Providence qui le tenait par la main, et mettant en elle une filiale confiance : *Dominus regit me et nihil mihi deerit.*[1]

---

1. Ps. XXII.

Ce régime dura dix-huit mois, après lesquels l'abbé de la Salle, cédant aux conseils très énergiquement motivés du P. Barré, prit entièrement à demeure dans sa propre maison les maîtres d'école de M. Nyel. Ce changement, qui devait décider de sa vocation ultérieure, fut effectué le 24 juin 1681, le jour de saint Jean-Baptiste, son patron.

Nous nous trouvons ici en présence d'un de ces prodiges de la grâce qui ne paraît guère moins surprenant que le passage de la vérité à l'erreur ou du mal au bien. Assurément, il faut une action surnaturelle de Dieu pour qu'une âme renonce à ses idées et à ses habitudes, en tant qu'elles sont contraires à la loi divine. Mais qu'une âme, déjà établie dans la possession de la foi et dans la pratique de la vertu, soit tellement transformée sous la main de Dieu qu'il se fasse entre ses répugnances et ses sympathies une totale interversion; qu'elle soit amenée à sacrifier ce qu'elle pouvait aimer, sans manquer à aucun précepte ou à aucun conseil, pour embrasser généreusement un genre de vie et des occupations contraires à ses goûts les plus légitimes : je soutiens que de telles métamorphoses démontrent l'influence de la grâce d'une façon presque aussi décisive que les conversions les plus éclatantes. Quand Saul le persécuteur et Augustin le manichéen sont devenus tous les deux de fervents adorateurs et serviteurs du Dieu des chrétiens, l'action du surnaturel était évidente. Cependant, on peut soutenir que, dans cette révolution si profonde de leur être moral, leurs goûts dominants ont été respectés. Seulement, ils ont reçu une autre orientation et une application différente. Le prosélytisme farouche du complice de la mort de saint Étienne revit dans le zèle infatigable de l'apôtre des gentils, mais transfiguré et dirigé vers la diffusion de la vérité évangélique. De même, l'aptitude aux recherches métaphysiques, la subtilité et la profondeur de l'esprit, le don de l'éloquence, l'éclat et la chaleur du style, et tant d'autres qualités dont Augustin s'était trop longtemps servi au profit de l'erreur, sont demeurées en lui d'admirables ressources, quand il est devenu le défenseur de la doctrine chrétienne. Dans ces deux hommes, la grâce a respecté les aptitudes et les dispositions naturelles. Elle leur a seulement assigné un autre but.

Il en a été tout différemment de Jean-Baptiste de la Salle. Lui n'a pas eu à se convertir à l'Évangile, puisque, depuis son baptême, il avait toujours été le fidèle disciple de Jésus-

Christ. Mais il a dû faire à une vocation spéciale, venue d'en haut, le sacrifice complet de ses inclinations et de ses répugnances.

Lui-même s'est expliqué, à cet égard, de la façon la plus instructive dans un mémoire où il a exposé l'origine et les causes déterminantes de la fondation de son institut.

« Ç'a été, dit-il, par la rencontre de M. Nyel que j'ai commencé à prendre soin des écoles des garçons. Je n'y pensais nullement auparavant..... Si même j'avais cru que le soin de pure charité que je prenais des maîtres d'école eût dû jamais me faire un devoir de demeurer avec eux, je l'aurais abandonné..... la seule pensée m'en eût été insupportable. Je sentis, en effet, une grande peine dans le commencement que je les fis venir chez moi. Ce fut apparemment pour cette raison que Dieu, qui conduit toutes choses avec sagesse et avec douceur, et qui n'a point coutume de forcer l'inclination des hommes, voulant m'engager à prendre entièrement le soin des écoles, le fit d'une manière fort imperceptible et en beaucoup de temps ; de sorte qu'un engagement me conduisit dans un autre, sans l'avoir prévu dans le commencement. »

Ainsi se réalisait pour notre jeune prêtre la parole que le Sauveur avait dite à l'apôtre choisi par lui pour devenir le chef de son Église : « Un moment viendra dans lequel un autre te fera aller où tu ne voulais pas : *Alius te cinget et ducet quo tu non vis.* »

Les préférences certaines de l'abbé de la Salle l'eussent porté à partager l'emploi de son temps entre les fonctions de la prière publique, dont il avait à s'acquitter comme chanoine, et l'étude approfondie de la haute théologie, pour laquelle il avait autant d'aptitude que de goût. [1]

Comment a-t-il renoncé à cette noble et paisible vocation, si bien appropriée à sa piété profonde et à son ardent amour pour la vérité? Est-il possible de se rendre compte d'une telle transformation? J'ai essayé de le faire.

Un détail que j'ai relevé dans ses biographes m'a semblé pouvoir jeter sur ce point une vive lumière et donner une explication satisfaisante de l'étonnante et surnaturelle évolution opérée en lui. Puissé-je, mes bien-aimés Frères, communiquer à vos âmes quelque chose de l'émotion profonde dont j'ai été saisi lorsque j'ai médité pour mon propre compte cet épisode de la vie du Bienheureux.

---

1. Il fut reçu docteur en théologie à l'Université de Reims en 1681.

V

Chaque semaine, nous disent les historiens de l'abbé de la Salle, pendant la nuit du jeudi au vendredi, il s'enfermait dans l'église où se trouve le tombeau de saint Remi. Là, ainsi que le chante David dans le psaume CXXXIII, si bien approprié aux veilles des saints, il tenait ses mains levées vers le Seigneur, et se livrait à de longues supplications. *In noctibus extollite manus vestras in sancta.*

Comment exprimer par des paroles l'intensité de recueillement et de ferveur dont le jeune prêtre était alors pénétré ? Tous les bruits du dehors ont pris fin. Le silence extérieur et l'obscurité favorisent la liberté de l'âme et elle monte plus facilement vers celui qui est « la source de la vie [1] ». N'est-ce pas durant ce silence sacré de la nuit que le Seigneur appelle par trois fois le jeune Samuel, et que celui-ci se précipite pour écouter la

1 Ps. xxxv. 10.

parole venue d'en haut? *Loquere, Domine, quia audit servus tuus.* [1]

Ces heures, si profondément paisibles, se partagent entre la prière et la méditation, lesquelles se prêtant l'une à l'autre un mutuel appui empêchent l'âme de défaillir sous le poids des accablements du corps.

Quelles pensées se présentaient alors à l'esprit du généreux ascète? Essayons de méditer et de prier en sa compagnie.

Il est au tombeau de saint Remi, — c'est-à-dire au berceau chrétien de la nation française. C'est là — nous le disions hier — que, dans la personne de Clovis, toute la France a reçu le saint baptême et a entendu le Pontife lui dire : « Reçois sur ton front et sur ton cœur le signe de la croix ! Reçois la foi des divins préceptes. »

L'abbé de la Salle se rappelle cette grâce initiale, commune à lui et à sa patrie. Pour en remercier Dieu, il récite lentement le *Te Deum* et le *Magnificat*.

Puis il reprend sa méditation et examine successivement le passé, le présent, l'avenir.

Dans le passé, il admire l'action de Dieu sur ce noble pays de France et l'exception-

1. Reg. iii, 10.

nelle grandeur à laquelle l'ont élevé les victoires et les lois chrétiennes de Charlemagne ;
l'épopée mystique et chevaleresque des croi-
sades ; la foi et les vertus de saint Louis.
Reims lui rappelle encore la crise terrible du
quinzième siècle, les désastres de la guerre
de Cent ans, l'invasion et la domination
étrangères ; puis, tout d'un coup, la miséri-
cordieuse et miraculeuse intervention de Dieu
dans notre histoire, et la France, presque cou-
chée au tombeau, ressuscitée par Jeanne d'Arc.

L'abbé de la Salle lit dans ces souvenirs du
passé ce que résumait naguère, d'une manière
si honorable pour nous, le pape Léon XIII
burinant en quelques lignes, au commencement de son encyclique *Nobilissima Gallorum
gens*, la substance de notre histoire nationale.

« Par leurs exploits et par leurs services,
disait le souverain Pontife, vos ancêtres se
sont montrés les coadjuteurs de la divine Providence, et ils ont mérité ainsi d'être en
quelque sorte associés aux gloires mêmes de
la sainte Église. » [1]

1. Sæpe majores vestri ad magnas res et salutares
visi sunt divinæ ipsius Providentiæ adjutores..... Atque
his rationibus contigit ut fideli animo sese pro nomine
catholico devoventes, in societatem gloriarum Ecclesiæ
aliquo modo venire potuerint. (Encycl. *Nobil.*)

Jean-Baptiste prie et remercie encore ; puis il poursuit le développement de ses pieuses réflexions. Après les avoir appliquées au passé, il les reporte sur l'heure présente. Il envisage dans la lumière de la foi les incomparables splendeurs du siècle dont il est le contemporain.

Et là, que de grandes choses ! Le souverain s'appelle toujours « le roi très chrétien ». Il prête l'appui de son autorité à la législation d'une société baptisée, et il se fait gloire d'être préposé à une nation qui s'intitule avec une humble fierté « la fille aînée de l'Église [1] ». La sève de la vie surnaturelle circule dans le corps social. Elle y entretient et y développe d'admirables institutions. Il y a vingt et un ans que Dieu a rappelé à lui un prêtre du nom de Vincent de Paul [2], et déjà l'on voit s'opérer au profit de l'humanité souffrante, et pour l'honneur du nom français, un rayonnement universel de ses œuvres, inspirée par la sainte charité. Les sciences et les lettres se font gloire de coopérer à la diffusion de l'Évangile et de grouper autour de Jésus-Christ toutes

---

1. Hoc sane per honorificum fidei pietatisque testimonium simul et præmium tulit ut *primogenita Ecclesiæ filia* nominaretur. (Encycl. *Nobil.*)

2. Mort le 27 septembre 1660.

les forces et toutes les ressources du génie : *Instaurare omnia in Christo !* [1] Comment, en présence de si nombreux et si précieux bienfaits, ne pas dire encore à Dieu : Merci !

Cependant, des symptômes inquiétants commencent à se manifester. Il est impossible de ne pas les voir.

Déjà, dans cette cour de Versailles, qui observe avec tant de scrupule l'étiquette extérieure de la religion, et où le prince ne manque pas un seul jour d'assister au saint sacrifice de la messe, de douloureux scandales ont éclaté. Il y a déjà six ans que Mme de la Vallière s'est retirée derrière les grilles du Carmel, et a donné au monde le spectacle de son édifiante pénitence (1675). Mais une rivale altière a pris sa place. En 1681, Louis XIV règne sur la France et sur l'Europe, mais Mme de Montespan règne sur Louis XIV.

En cette même année, les relations du successeur de saint Louis avec le successeur de saint Pierre vont entrer dans une phase laborieuse et tourmentée.

Déjà se préparent la fameuse assemblée de 1681, et la rédaction en quatre articles fondamentaux des doctrines du gallicanisme. Le

1. Eph. i, 10.

gouvernement de la France se dispose à traiter le pape, non comme un père à l'égard duquel tous les sentiments sont inspirés par la confiance et par l'affection, mais comme un souverain étranger dont la puissance est un sujet d'inquiétude et que l'on surveille avec une injurieuse défiance.

Une erreur théologique, érigée en système par l'esprit de parti et en hérésie par l'orgueil et l'opiniâtreté de ses fauteurs, le jansénisme, commence à semer dans les âmes ses idées étroites et ses sombres théories, uniquement propres à inspirer la répulsion à l'égard des dogmes du christianisme et de ses pratiques les plus consolantes. Son symbole est le Crucifié aux bras rétrécis, qui ne serait pas mort pour tous les hommes ; sa devise favorite est une parole de l'ancienne loi qui semble presque interdire l'accès du tabernacle où réside le Dieu d'amour [1] ; sa dévotion sera de rendre toujours plus difficile et plus rare la communion eucharistique, et de tarir ainsi dans les âmes les sources de la piété et du dévouement.

Devant ces tristes perspectives, le cœur du bon prêtre se resserre, et il se demande avec

---

1. Pavete ad sanctuarium Dei. (Luc. xxvi, 2.)

effroi ce que deviendront les jeunes générations récemment entrées dans la vie, et auxquelles sont réservées les épreuves et les luttes du prochain siècle.

Ici, notre expérience historique et notre connaissance du passé interviennent, et vont nous permettre d'interpréter les anxieuses réflexions inspirées à l'abbé de la Salle par la préoccupation de l'avenir. D'ailleurs, si cet avenir était caché aux regards de son intelligence, il ne l'était pas pour Dieu qui, voulant préparer en lui l'ouvrier de ses futurs desseins sur la France et sur l'Église, pouvait, sans même lui rien départir de la grâce miraculeuse de la prophétie, lui inspirer des pensées et des résolutions conformes à l'accomplissement de ces desseins.

N'aurait-il pas suffi d'ailleurs au pieux méditatif des lumières reçues dans l'oraison, pour prévoir comment les mauvais exemples donnés par le souverain, et les doctrines si dures accréditées par le jansénisme, provoqueraient une réaction formidable et prochaine contre le christianisme traditionnel de la nation française ? Favorisée par les désordres des mœurs et offrant aux esprits de les délivrer du joug d'une morale que le jansénisme rendait intraitable et impraticable, l'incrédulité n'allait-elle pas être reçue avec faveur par les diverses classes de la société ?

Elle sera d'abord mise à la mode par l'incompréhensible et coupable légèreté de ceux qui sont en haut. Le Paris élégant ira bientôt applaudir le premier succès dramatique d'un auteur appelé à la gloire effrayante d'imprimer au dix-huitième siècle [1] le cachet de sa haine implacable contre la religion de Jésus-Christ. Dès ce jour, et pour soixante années consécutives, commencera sur les esprits le règne de cet infatigable adversaire de l'idée chrétienne. Il n'aura pas encore terminé son œuvre de destruction, accomplie avec le concours ou aux applaudissements des grands seigneurs, que la bourgeoisie et le peuple accueilleront avec enthousiasme les revendications démocratiques de Jean-Jacques Rousseau, si habilement mêlées par lui à un déisme sentimental dont la *Profession de foi du vicaire savoyard* deviendra l'expression la plus éloquente et la plus dangereuse.

Cependant, que deviendra la France lorsque le peuple aura cessé d'être chrétien ? Que deviendra ce peuple lui-même, d'abord si

---

1. L'*Œdipe* de Voltaire a été représenté en 1718, un an avant la mort du bienheureux. Voltaire avait alors vingt-quatre ans.

injurieusement méprisé par les coryphées de l'antichristianisme [1], avant de devenir l'objet de leurs flatteries intéressées, que deviendra-t-il, quand il aura perdu la foi ?

Ici, mes Frères, oublions un instant le chanoine de la Salle et sa prière qui se prolonge dans le silence des nuits. Il est temps de nous approprier ses préoccupations, ses tristesses, ses angoisses. La question, en effet, se dresse devant nous, comme elle se dressait devant lui ; aussi poignante pour nos cœurs chrétiens et français aux approches du vingtième siècle qu'elle l'était pour lui, onze ans avant l'avènement du dix-huitième. En vérité, il faudrait être bien léger, bien insouciant, bien insensible, pour n'être pas remué jusqu'au plus intime de son âme en présence de l'immense tentative conduite aujourd'hui avec tant d'audace, de suite, d'habileté, pour arracher au peuple et aux enfants du peuple la foi de leur baptême !

---

1. Sous la plume de Voltaire, le peuple est presque toujours appelé « la canaille ». Je ne reproduirai que ces lignes d'une lettre à Diderot, en date du 25 septembre 1762 : « Je vous recommande l'infâme (la religion chrétienne); il faut la détruire chez les honnêtes gens, et la laisser à la canaille, pour laquelle elle est faite. »

En quoi donc, je le demande, les évolutions des systèmes politiques et l'extension, en soi très légitime, des droits civiques au plus grand nombre modifient-elles la condition essentielle des travailleurs et de ceux qui peinent pour vivre? En quoi les rêves des faiseurs d'utopies dispensent-ils l'homme de payer son tribut à la douleur, à la maladie, à la mort?

Or, comment affrontera-t-il ces inexorables et universelles éventualités, si, dès ses jeunes années, il n'a été préparé à se mesurer avec elles par une doctrine qui lui en explique le sens mystérieux, et par une force intérieure qui le soutienne au milieu des crises et des combats de la vie?

Que s'il est nécessaire à tout homme de croire et d'espérer en l'action directrice et bienfaisante d'un Dieu, Père et Providence, qui n'impose le travail et la souffrance qu'à titre d'épreuve transitoire et méritoire, combien un tel appui moral n'est-il pas plus indispensable à ceux dont l'existence est plus dure, le fardeau plus lourd, les joies terrestres plus rares, et à qui leur condition sociale impose des sacrifices plus pénibles et plus fréquents?

Priver systématiquement l'enfant du peuple

des moyens de connaître Dieu, de prier et d'aimer Jésus - Christ, d'avoir recours au ministère maternel de l'Église, quelle entreprise plus cruelle, plus contraire à l'humanité et à la fraternité, enfin, je n'hésite pas à le dire, et je voudrais être entendu par le pays tout entier, plus antipatriotique et plus funeste à la grande cause du relèvement de la France?

Je ne vous demande pas, mes chers auditeurs, si vous me pardonnez mon émotion : je sens que vous en partagez les frémissements. Mais j'ai hâte de revenir à ce serviteur de Dieu qui prolonge sa prière tandis que la nuit approche de son terme; qui se débat entre les goûts les plus légitimes de sa vocation sacerdotale et les sacrifices inhérents à une vocation nouvelle qui vient de surgir! Faudra-t-il qu'en dépit de ses répugnances, il devienne ce prêtre désiré, annoncé, prédit par M. Bourdoise, ce prêtre qui se fera maître d'école? Mais que dira sa famille? que dira le monde? que diront ses supérieurs ecclésiastiques? Et il prie avec une nouvelle insistance près des restes vénérés de saint Remi : *Et factus in agonia prolixius orabat.* [1]

1. Luc. XXII, 43.

Vous savez, mes Frères, que le bienheureux de la Salle a donné pour emblème à son Institut une étoile d'où partent des rayons lumineux, avec cette devise que nous avons déjà commentée hier : *Signum fidei*. Or, je me représente que vers la fin d'une de ces veilles de nuit, quand il quittait l'église et le tombeau de saint Remi pour rentrer quelques instants dans sa demeure, l'abbé de la Salle vit resplendir au ciel une étoile plus brillante que les autres. Elle lui rappela celle qui avait apparu aux Mages et avait décidé de leur appel à la foi. Ils l'avaient vue et ils l'avaient suivie : *Vidimus stellam et venimus.* [1]

Où les avait-elle conduits? A une étable dans laquelle ils avaient trouvé un enfant, un petit pauvre, couché sur de la paille, dans une auge de bois. Et ils s'étaient prosternés; ils avaient adoré et ils avaient offert à l'enfant leurs trésors les plus précieux : *Stella antecedebat eos usque dum veniens staret supra ubi erat puer. Et apertis thesauris suis, obtulerunt ei munera.* [2]

Tout ému de ce souvenir, le pieux prêtre suivit en esprit ces savants et ces riches du

1. Matth., ii, 2.
2. Ibid., ii, 9, 11.

monde, qui avaient tout quitté, tout donné pour honorer le nouveau-né de Bethléem. Avec eux, il entra dans l'étable, il s'agenouilla entre Marie et Joseph, et il lui sembla entendre le divin Enfant qui lui adressait ces paroles : « En vérité, tout ce que vous ferez au plus petit d'entre mes frères, c'est à moi-même que vous le ferez. » [1]

L'abbé de la Salle avait compris. Sa foi, son amour, son obéissance, s'exprimèrent par une résolution qui jaillit des profondeurs de son âme. A la parole du petit pauvre, il répondit : « Je serai maître d'école. »

1. Matth., xxv, 40.

TROISIÈME DISCOURS

Inclytus heros.

MES CHERS AUDITEURS,

De qui sont ces paroles? A qui s'adressent-elles?

Si j'interrogeais un lettré, presque à coup sûr il me répondrait : C'est la fin d'un hexamètre de Virgile ou de Lucain. « Héros illustre, » cela est évidemment dit d'Énée, d'Hector, de quelqu'un des chefs immortalisés par les légendes du siège de Troie et de l'ancienne Grèce; ou encore, de Jules César, ce héros incomparable de la politique et de la guerre, aux temps historiques de l'ancienne Rome.

Rassurez-vous, mes chers Frères, cette citation n'a rien de profane. Je l'emprunte à l'office liturgique du bienheureux Jean-Baptiste de la Salle, récemment publié par ordre de Sa

Sainteté le pape Léon XIII [1]. Il ne s'agit donc pas ici des grands hommes chantés dans *l'Iliade*, *l'Énéide* ou *la Pharsale*; le héros, c'est notre chanoine de Reims, résolu — vous ne l'avez pas oublié — à sacrifier ses répugnances naturelles à l'amour de Jésus-Christ et à l'amour des âmes, pour devenir maître d'école et fondateur d'un Institut destiné à former des maîtres d'école.

L'amour de Jésus-Christ et l'amour des âmes peuvent donc s'élever jusqu'à l'héroïsme?

Pour en douter, il faudrait ne rien savoir de l'histoire de l'Église et de la vie des saints. Veuillez vous rappeler ce que nous vous disions au premier jour de ce *Triduum*. Quand Dieu s'est emparé à fond d'une âme généreuse, décidée à ne lui rien refuser, il opère en elle; il y détermine l'éclosion des vertus surnaturelles; et quand la fidélité de cette âme est absolue, ces vertus portées jusqu'à l'héroïsme, et les œuvres auxquelles elles donnent naissance attestent la présence

---

[1].
      Pro Deo pugnans,
      Animas requiris,
      Inclytus heros.

(Hymn. I. vesp. offic. prop. B. J.-B.) « Illustre héros, combattant pour Dieu, ce sont les âmes que vous recherchez. »

et l'action victorieuse de la grâce, suivant la belle loi dont la formule nous a été donnée par Notre-Seigneur Jésus-Christ lui-même : « Celui qui demeure en moi, et en qui je demeure, porte beaucoup de fruit. » *Qui manet in me, et ego in eo, hic fert fructum multum.*

C'est ce double témoignage des vertus et des œuvres qu'il faut essayer aujourd'hui de mettre en relief. La tâche est considérable. Une fois de plus, j'invoque l'intervention de Marie, le patronage de saint Symphorien, et, en dépit de son humilité, l'assistance de notre Bienheureux lui-même.

I

Faute de temps, et dans la crainte d'abuser de votre bienveillante attention, je ne pourrai suivre tout à mon aise le savant pape Benoît XIV dans les développements très intéressants qu'il consacre à cette belle question de l'héroïsme, dans son *Traité de la canonisation des saints.* [1]

1. Livre III, chap. xx.

Il l'étudie d'abord chez les païens. Il en donne la formule d'après Aristote, admirablement commenté par saint Thomas d'Aquin. Il établit que certaines vertus, comme la vaillance, la piété filiale, le désintéressement, la fidélité à sa parole, l'amour de la patrie, tout en demeurant dans la sphère de la morale humaine et naturelle, incapables par conséquent de mériter la vision de Dieu et l'éternelle béatitude, ont très bien pu s'élever à ce degré suréminent que les anciens ont appelé « l'héroïsme »; beau et large piédestal sur lequel la théologie chrétienne, qui ne supprime rien de ce qu'il y a de noble dans la nature [1], dresse à son aise le trône d'un autre héroïsme, de celui dont nous disions, avec Pascal, qu'il appartient à « l'ordre de sainteté », apporté au monde par Jésus-Christ.

Qu'est-ce donc, d'après les théologiens, que la vertu héroïque ou l'héroïcité des vertus?

C'est un état d'âme dans lequel le divin arrive à absorber définitivement l'humain, tout en laissant à celui-ci la liberté, la responsabilité, le mérite.

Gonzalez, cité et approuvé par Benoît XIV,

---

1. Gratia non tollit naturam, sed perficit. (S. Thom. Aq., 2a 2æ, q. 188, a. 8.)

le définit : « Une sorte de contact substantiel entre l'âme et Dieu présent, qui détermine l'âme à produire, comme naturellement *(quasi per modum naturæ)*, les actes des vertus surnaturelles. » [1]

Benoit XIV y voit une telle pénétration de la vie de Dieu dans l'âme que celle-ci opère avec promptitude, élan, joie *(expedite, prompte, delectabiliter)*, les efforts et les sacrifices qui coûtent encore à ceux dont la vertu ne dépasse pas le degré ordinaire de l'état de grâce. [2]

Voyons maintenant comment ces formules de la théologie se sont réalisées dans la vie de notre Bienheureux, et disons d'abord de quelle façon il a débuté dans la carrière des vertus héroïques.

---

1. Qui est adeptus felicem unionis statum circa difficillima propter Dei amorem continua promptitudine, tranquillo animo et quasi per modum naturæ operatur... est modus unionis animæ jam purgatæ cum Deo, per quemdam contactum substantialem quo præsens et unitus sentitur.

2. Benoit XIV, livre III, chap. XXII, n° 1.

II

Nous ne l'avons pas oublié; c'était peu à peu, sans savoir où Dieu voulait le conduire, avouant même que s'il l'avait pu savoir au commencement, il ne se serait pas senti le courage de se dévouer à une telle mission, que Jean-Baptiste de la Salle avait pris, en dépit de ses répugnances, la grande résolution de se dévouer à l'établissement d'une congrégation religieuse dont le but serait de former pour la jeunesse des instituteurs chrétiens.

L'œuvre était difficile. Néanmoins, nous l'avons constaté par les témoignages du temps, elle était appelée par une sorte de pressentiment universelle. Par conséquent, elle était assurée d'avance de répondre à un besoin général qui avait déjà déterminé, en divers endroits, des tentatives plus ou moins heureuses et fécondes.

Les circonstances les plus favorables semblaient d'ailleurs avoir été ménagées par la Providence pour garantir le succès rapide et complet de l'œuvre à laquelle le jeune prêtre était décidé à se consacrer.

Membre d'un des chapitres les plus illustres de l'Église de France, issu d'une famille de noblesse et de robe qu'entourait la considération publique, le chanoine de la Salle avait déjà fait l'expérience de son crédit, lorsque, pour accomplir une des suprêmes volontés de son pieux directeur, M. Roland, il avait poursuivi devant le Parlement de Paris la reconnaissance légale de la congrégation enseignante de l'Enfant-Jésus.

Avec quelle facilité n'obtiendrait-il pas pareille faveur, lorsqu'il se donnerait la peine de la solliciter pour l'Institut des maîtres d'école dont il allait devenir le fondateur et le directeur?

De plus, la mort de ses parents l'avait mis à la tête d'une fortune considérable. On pouvait l'évaluer, en 1681, à 40,000 livres de rente. [1]

L'avenir de l'Institut naissant se trouvait donc deux fois assuré. Lui concilier sans retard la protection du pouvoir civil; acheter ou bâtir un vaste établissement pour y recevoir les candidats qui se présenteraient; le doter à perpétuité de ressources très convenables, qui enlèveraient aux supérieurs le

---

1. Ce qui représente à peu près 200,000 francs, au taux actuel de la valeur du numéraire.

souci du pain quotidien, et leur laisseraient toute liberté de se consacrer exclusivement à la formation spirituelle et intellectuelle des futurs maîtres de la jeunesse française : encore un coup, c'étaient là des conditions exceptionnellement avantageuses pour entreprendre et mener à bonne fin l'entreprise projetée......

Je m'arrête brusquement, mes chers Frères, dans ces déductions, cependant si plausibles et si faciles à justifier au tribunal même de la prudence chrétienne.

Je m'arrête, comme si j'avais entendu retentir sous les voûtes de notre vieille cathédrale la voix qui avait interrompu l'entretien de Job et de ses serviteurs, et qui plus tard avait parlé par la bouche d'Isaïe : « Quel est donc, dit le Seigneur, celui qui exprime ses idées par des discours dénués de bon sens ? » *Quis est iste involvens sententias sermonibus imperitis?*[1]

» Ne savez-vous donc pas que mes voies sont fort différentes des vôtres, et que mes pensées sont éloignées de vos pensées, de toute la distance qui sépare le ciel de la terre ? »[2]

Dès les commencements de son entreprise, le serviteur de Dieu eut la grâce de faire choix des pensées et des voies les plus sur-

1. Job, XXXVIII, 2.
2. Isaïe, LV, 9.

naturelles, et de pratiquer jusqu'à l'héroïsme l'oubli de tout calcul humain.

En effet, malgré les supplications, les protestations, les résistances de l'archevêque de Reims, Jean-Baptiste se démit de sa stalle canoniale, et il eut le bonheur de voir cet acte de désintéressement enfin approuvé par ses supérieurs ecclésiastiques.

Bientôt après, ayant dû entretenir ses premiers novices de l'abandon filial à la Providence que les chrétiens sont appelés à pratiquer au milieu des incertitudes et des épreuves de la vie, sa loyauté lui fit faire un retour sur lui-même. De quel droit pouvait-il honnêtement conseiller à des pauvres de compter uniquement sur l'assistance du Père céleste lui qui, jouissant d'une des grandes fortunes de la ville de Reims, avait très surabondamment pour le présent et pour l'avenir, non seulement le nécessaire, mais le superflu?

L'abbé de la Salle eut vite pris son parti. Il mit ses biens en vente et il en distribua le prix aux pauvres[1]. Il n'était plus rien, il n'avait plus rien : c'était l'heure de Dieu, son œuvre était fondée. *Inclytus heros.*

---

1. Pendant la rigoureuse famine de 1684.

III

Le héros avait débuté par ce que les hommes de guerre appelleraient « une action d'éclat ». Il s'agit maintenant de le suivre dans la carrière où il allait déployer sans relâche, pendant trente-huit ans, l'énergie surnaturelle qui lui avait fait, dès le premier jour, fouler aux pieds toutes les répugnances, sacrifier tous ses goûts et compter uniquement sur l'assistance de la grâce pour accomplir la volonté de Dieu.

Je ne saurais entreprendre , mes chers Frères, de vous raconter, d'après l'ordre chronologique, les incidents, les complications, les vicissitudes de cette vie si remplie et si agitée. Pour être exact et complet, il faudrait avoir sous les yeux des notes écrites et s'assujettir à un récit qui, même abrégé, dépasserait de beaucoup les limites d'un discours. Je vous renvoie aux biographies du Bienheureux, anciennes ou modernes; vous y trouverez toutes les indications propres à satisfaire votre légitime curiosité. Autre est la mission que j'ai à remplir ici.

Il faut d'abord que je rattache l'exercice des vertus de Jean-Baptiste de la Salle à leur principe immanent, je veux dire à la continuelle action de Dieu sur une âme toujours plus fidèle à correspondre aux sollicitations et aux exigences de la grâce. *Qui manet in me, et ego in eo...*

Il faut, en second lieu, que je vous montre jusqu'à quel point cette héroïcité des vertus a été féconde et à quelles œuvres elle a donné naissance.

Il faut enfin que je tire de l'étude approfondie et de la méditation de cette vie héroïque un enseignement qui soit profitable à nos âmes. En effet, louer les saints sans prendre la sérieuse résolution de marcher sur leurs traces et d'imiter leurs exemples, ce serait perdre son temps.

J'essayerai toutefois de résumer, rapidement et à grands traits, les circonstances de temps et de lieux dans lesquelles se trouvent historiquement encadrées les trente-huit années consacrées par Jean-Baptiste de la Salle à l'établissement de son Institut, depuis 1681 jusqu'à sa mort, arrivée en 1719.

Après avoir définitivement reçu chez lui les maîtres appliqués à la direction des diverses écoles fondées à Reims, il demeura encore sept années dans cette ville. On le voit, durant cet espace de temps, donner à ses disciples les usages d'une communauté sérieusement organisée et les premières règles qu'il devait plus tard rédiger d'une façon définitive. Il émet aussi avec eux les vœux de religion destinés à les séparer du monde, afin de les consacrer spécialement au service de Dieu et de son Église pour l'éducation gratuite des enfants du peuple. Une première fois, il essaye par humilité de déposer le fardeau de la supériorité et, pendant quelque temps, il réussit à substituer en ses lieu et place un de ceux qu'il avait déjà formés. Néanmoins, sur l'ordre exprès de l'archevêque de Reims, il est obligé d'imposer une nouvelle violence à ses goûts et de reprendre la direction de son Institut.

En 1688, il part pour Paris.

Ici commence la période la plus tourmentée de son existence.

Sur les territoires des paroisses de Saint-Sulpice, de Saint-Médard, de Saint-Hippolyte, de Saint-Roch, des écoles sont tour à tour ouvertes, fermées, rétablies ou définitivement supprimées. Vous aurez quelque idée des vicissitudes auxquelles a été soumis le Fondateur des Frères, si je vous dis que, dans

l'espace de trente ans, le noviciat de sa congrégation n'a pas eu moins de sept installations
différentes.

Lui-même, depuis l'année 1688 jusqu'en 1719,
date de sa mort, a dû changer environ vingt
fois de résidence. Bien entendu, il n'est pas
question ici de ses voyages, mais de vrais
changements de domicile, occasionnés la plupart du temps par des difficultés, des persécutions, des expulsions, des trahisons.

A diverses reprises, pendant ce même laps
de temps, mais particulièrement en 1690, en
1702, en 1712, l'Institut naissant a paru être
à deux doigts de sa ruine totale et irré-
parable, tant il était contrarié par les événements, contredit par les hommes et comme
abandonné de Dieu.

En 1686, c'était Jean-Baptiste de la Salle
qui s'était spontanément démis de la supériorité, dans laquelle, malgré ses résistances, un
archevêque de Reims l'avait rétabli. En 1702,
il est déposé officiellement par ordre de l'archevêque de Paris qui envoie un de ses grands
vicaires procéder à l'installation canonique
d'un autre supérieur, nommé à sa place et
choisi dans les rangs du clergé séculier.

Tout cela finit parce qu'on appellerait en
style dramatique « une catastrophe ».

En 1712, à la suite d'intrigues dont le détail est à peine croyable, M. de la Salle se voit flétri par un arrêt d'une des Cours de justice de Paris et convaincu, sinon de manifeste improbité, au moins d'indélicatesse, et condamné à payer une somme considérable dont, en réalité et en équité, il était, non le débiteur, mais le créancier.

C'est alors que, se croyant très sincèrement, par sa présence à Paris et au milieu des siens, l'obstacle principal au bien de son œuvre, il prend le parti, comme Jonas, de se jeter à la mer pour apaiser la tempête et obtenir, par ce sacrifice, le salut de l'équipage [1]. Il disparaît. Pendant un certain temps, à part un seul Frère qu'il avait mis dans la confidence de sa retraite, sa famille religieuse ignore ce qu'est devenu son Fondateur et son Père. Cette terrible épreuve semble devoir être comme le dernier coup de vent d'un furieux orage qui achève de déraciner l'arbre et le couche sur le chemin, où sa ramure ne tardera pas à se dessécher et à mourir.

Dieu toutefois se sert de cet *exode* pour multiplier en province les maisons de l'Institut, et, en particulier, pour rendre possible la

____

1. Jonas, i, 12.

création d'un noviciat supplémentaire à Marseille. C'est pendant ce temps, et durant un séjour d'assez longue durée fait à Grenoble [1], que le Bienheureux exerce lui-même les fonctions les plus humbles de maître d'école, gagnant les cœurs de ses élèves par sa simplicité, sa bonté, et se créant des droits éternels à la reconnaissance des parents, touchés de son zèle admirable pour l'instruction morale et religieuse de leurs chers enfants. [2]

Un peu de répit, il est vrai, succède à cette inexorable continuité de crises et de péripéties violentes. Mais le calme dure peu ; et lorsque Jean-Baptiste de la Salle aura eu la sécurité d'installer à Saint-Yon, dans un faubourg de Rouen, son noviciat enfin établi dans les conditions les plus favorables, de nouveaux incidents le rendront suspect à l'archevêque de cette ville, et ce sera presque sous le coup d'une sorte d'interdit que le Bienheureux finira sa carrière terrestre. A la religieuse population de Rouen, d'ailleurs, revient l'honneur d'avoir pressenti et devancé les jugements authentiques de l'Église, en décernant une canonisation anticipée au ser-

1. Blain, ch. xi, p. 689.
2. On ne l'appelait à Grenoble que « le saint prêtre », (Blain, ch. xi, p. 690.)

viteur de Dieu. A peine a-t-on appris la fin de son agonie qu'on s'écrie de toutes parts : le saint est mort ! le saint est mort !

Par une coïncidence bien touchante et une harmonie vraiment providentielle avec le caractère dominant de la vocation de Jean-Baptiste, ce fut le vendredi saint, 7 avril 1719, que se termina la carrière terrestre de ce prêtre, de ce religieux, si constamment humilié, contredit, persécuté, écrasé.

Aussi bien, quand on jette un coup d'œil d'ensemble sur cette vie, on ne trouve pour les résumer rien de plus exact que ces détails de la Passion du Sauveur, consignés dans les évangélistes : « Ils ont craché sur lui ; ils l'ont bafoué ; ils lui ont donné à boire du vin mêlé avec du fiel ; ils lui ont jeté à la face des injures et des reproches..... » *Exspuentes in eum... illuserunt ei... dederunt ei vinum cum felle mixtum... improperabant ei.* [1]

Que ce rapprochement et cette assimilation ne vous scandalisent pas, mes chers Frères. N'est-ce pas Notre-Seigneur Jésus-Christ lui même qui a dit : « Les disciples seront traités comme le maître, et comme celui-ci a été persécuté, ils seront persécutés ? » [2]

1. Matth., xxvii.
2. S. Jean, xv, 20.

IV

Mais qui donc a persécuté Jean-Baptiste de la Salle ?

Douloureuse question qu'on voudrait pouvoir éluder. Les droits de la vérité historique ne le permettent pas et il est impossible de passer sous silence ce côté mystérieux des épreuves infligées à notre bienheureux. Toutefois, je m'inspirerai de ses propres sentiments et, sans manquer à la vérité, je sauvegarderai les délicatesses de la charité en ne prononçant dans cette chaire le nom d'aucun de ceux qui l'ont fait souffrir.

Que les corporations laïques, en possession de donner l'enseignement primaire lorsque Jean-Baptiste de la Salle vint ouvrir plusieurs écoles dans la ville de Paris, aient tout mis en œuvre pour nuire à des religieux dont elles redoutaient la concurrence ; qu'elles aient provoqué contre eux de rigoureuses sentences de la part des autorités administratives et judiciaires ; et même que, en diverses circonstances, non contentes d'avoir obtenu des arrêts qui créaient les plus sérieux obstacles à l'œuvre entreprise par les Frères, elles aient employé contre eux les voies de fait, fermé de force leurs classes, pillé leurs écoles, saccagé leur mobilier ; cela n'a rien de bien surprenant. La Salle et ses disciples devaient s'attendre à ce genre de contradictions. Ils en ont souffert ; il n'y a pas eu lieu pour eux d'en être déconcertés.

Que les jansénistes aient poursuivi de leurs plus âpres et obstinés ressentiments un prêtre si foncièrement attaché aux saines doctrines théologiques, si docile à l'autorité du souverain Pontife, ennemi des nouveautés suspectes ou déjà formellement condamnées par l'Église ; qu'ils aient à Paris, à Marseille, à Boulogne, indisposé contre lui certains supérieurs ecclésiastiques trop faciles à subir leur influence, et que surtout, à partir de la publication de la Bulle *Unigenitus*, où se trouvait fulminée la condamnation décisive et détaillée de leurs erreurs, ils aient redoublé de mauvais vouloir envers ce fondateur d'ordre, dont la solide et tendre piété, devançant d'un siècle et demi le grand mouvement dont nous sommes les témoins, avaient voulu s'affirmer à l'égard du vicaire de Jésus-Christ, par l'envoi à Rome, dès 1700, de deux des membres du nouvel Institut ; là encore, rien que de très plausible. Il y a des oppositions de doctrine et de conduite dont il est logique que l'homme, uniquement attaché à la loi de Dieu, subisse le contre-coup. Dans ces circonstances, les peines apportent avec elles leur explication et leur consolation. On se soutient alors en répétant, dans l'intime de sa conscience, la noble et fière protestation de l'apôtre saint Paul : « Si je plaisais à de tels hommes, je ne serais pas le serviteur de Jésus-Christ ». [1]

Mais pour faire éclater davantage l'héroïsme de patience déployé par le Bienheureux, il a plu à Dieu de le mettre aux prises avec ce que l'on peut appeler l'épreuve des épreuves. En effet, c'est de la part des gens de bien qu'il a subi les oppositions les plus inattendues, les procédés les plus humiliants, les traitements les plus sévères et les plus rigoureux. Des hommes qui occupaient de grandes situations dans l'Église et jouissaient d'un incontestable crédit ont souvent contredit ses projets, entravé ses entreprises, censuré ou condamné ses intentions. De formidables assauts lui ont été livrés, en vue de l'amener à modifier tel ou tel point de ses règles, et en particulier la pauvreté et la grossièreté du vêtement sous lequel il avait entendu proté-

_____

1. Gal., i, 10.

ger ses enfants contre les goûts et les habitudes du monde. Encore une fois, s'il n'avait jamais eu affaire qu'aux méchants de profession, il semble que J.-B. de la Salle eût pu goûter en cette vie une paix relative, et n'aurait eu que par intervalles matière à exercer sa patience et son humilité. Mais là où il a eu à déployer un véritable héroïsme, c'est dans les luttes incessantes qu'il a eu à soutenir contre des personnages justement estimés pour leur mérite et pour leurs vertus.

Entre tant de faits de ce genre dont le souvenir nous a été gardé par ses historiens, je me bornerai à citer le suivant.

Une difficulté s'était élevée au sujet d'une des écoles tenues à Paris par les Frères. Jean-Baptiste de la Salle crut devoir à la vérité et à la charité d'aller porter des explications au curé de la paroisse qui avait fondé et qui entretenait cette école. Il les avait à peine données dans le langage le plus humble et le plus simple que son interlocuteur lui répondit : « Vous êtes un menteur ! »

Vous représentez-vous, mes chers Frères, l'impression produite par un tel outrage sur un gentilhomme dont les ancêtres avaient été, ou de preux chevaliers guerroyant pour la défense de la religion et de la France, ou d'intègres magistrats chargés de rendre la justice à leurs concitoyens ? Ne semble-t-il pas que son sang ait dû bouillir dans ses veines, et que, rapide comme l'éclair, une immense indignation ait soulevé tout son être contre cette sanglante injure ?

Mais la douceur et l'humilité veillaient sur son âme, et sans permettre aux sentiments naturels de faire explosion, elles dictaient au prêtre si cruellement insulté ces simples et paisibles paroles : « Eh bien ! Monsieur, c'est avec ce mensonge que je vais dire la messe ! » Et on le vit aussitôt, avec un très grand calme, se diriger vers l'église et monter à l'autel, sur lequel il allait appeler le Dieu de toute vérité et de toute sainteté [1] : *Inclytus heros !*

Que dire maintenant de ce qu'il eut à souffrir de la part de plusieurs de ses disciples, de ceux peut-être auxquels il avait donné le plus de soins pour leur formation religieuse et prodigué les témoignages de sa confiance et de sa paternelle affection ? Plus d'une fois il a pu s'approprier la plainte si touchante du Psalmiste, expression de l'étonnement et de la douleur que devait un jour éprouver Notre-Seigneur, en face de la trahison de Judas :

---

1. Blain, liv. II, ch. XXI, n° 7.

« Si un ennemi avait mal parlé de moi ou mal agi à mon égard, je l'eusse supporté !... Mais un homme que je connaissais, avec lequel j'étais d'accord sur tout, qui prenait ses repas à la même table que moi ! un homme qui m'était intimement associé dans la maison et dans l'œuvre de Dieu.....» [1]

Et, avec Zacharie, le Bienheureux aurait encore pu ajouter : « Ces blessures m'ont été faites par des hommes que j'aimais et qui auraient dû m'aimer ! » *His plagatus sum in domo eorum qui diligebant me !* [2]

L'Écriture parle d'un personnage dont il était prédit que toutes les mains se réuniraient pour le frapper : *Manus omnium contra eum* [3]. Jean-Baptiste de la Salle ne provoqua jamais personne, tant il se montra toujours pacifique et charitable à l'égard même de ses contradicteurs ou de ses persécuteurs les plus acharnés. Mais on peut bien lui appliquer cette parole : « Les mains de tous se sont levées contre lui ! »

Oui, de tous ! car Dieu lui-même s'est mis de la partie. Non content d'avoir laissé acca-

1. Ps. LIV, 13-15.
2. Zach., XII, 6.
3. Gen., XVI, 12.

bler son serviteur, tantôt par les méchants et plus souvent encore par des gens de bien, il semble qu'il ait encore voulu appesantir sur lui la puissance de son bras, en l'affligeant par toutes sortes d'accidents et d'épreuves dont sa Providence se réservait directement la dispensation. Nouveau trait de ressemblance avec Celui qui, portant en sa personne le poids de toutes les iniquités et de toutes les désolations de l'humanité pécheresse, a pu se plaindre non seulement d'avoir été trahi par Judas, délaissé par ses apôtres, tourné en dérision par les Juifs, mais douloureusement abandonné par son Père lui-même : *Eli, Eli, lamma sabacthani !* [1]

Cependant, comme si rien de tout cela n'eût suffi à satisfaire l'immense besoin de souffrance volontaire entretenu dans cette âme par le désir de s'unir aux dispositions et aux états de la divine victime, Jean-Baptiste de la Salle tournait encore contre lui-même ses propres mains. Aux épreuves permises ou envoyées par Dieu, aux persécutions venues des hommes, il ajoutait de continuelles mortifications. Je dois l'avouer ; je n'oserais pas retracer ici dans leur intégrité les détails

1. Matth., XXVII, 46.

véritablement effrayants de la guerre acharnée et persévérante faite à son corps et à
tous les instincts naturels par ce généreux
imitateur de la Passion de Jésus-Christ. Ses
historiens ont pu affirmer sans exagération
qu'il avait égalé, sinon surpassé, les rigoureuses austérités pratiquées par les pénitents
les plus célèbres, dans un siècle qui vit l'abbé
de Rancé renouveler à la Trappe les observances des anciens ordres monastiques.

Ici encore le héros avait débuté par un
coup d'éclat.

Les premiers Frères qu'il avait réunis autour
de lui, dans sa maison de Reims, étaient
habitués, par naissance et par tempérament,
à la nourriture grossière des gens de la
campagne. Il n'en était pas de même pour
l'abbé de la Salle, enfant de la ville, élevé
dans une famille riche. Lorsqu'il se fut résolu
à partager complètement le genre de vie de
ses disciples, il fut pris d'un vomissement qui
alla jusqu'au sang, tant son estomac, naturellement délicat, répugnait à la soupe servie
à la communauté. Au lieu de se déclarer
vaincu par ce douloureux accident, il persévéra dans cette lutte contre la nature jusqu'à
ce que, à force de volonté, il eût triomphé de
la révolte involontaire de ses sens. D'ailleurs,

pour en avoir plus vite et plus facilement raison, il eut recours à un jeûne opiniâtre, assuré d'avance que les mets les plus rebutants seraient les bienvenus, quand la faim prolongée aurait fait sentir son impitoyable aiguillon [1]. *Inclytus heros!*

De tels exemples donnés aux novices par le Fondateur de l'Institut créèrent parmi eux une sainte émulation d'austérités. C'était à qui traiterait le plus rudement son corps, et ceux-là s'estimaient favorisés entre tous les autres qui obtenaient à cet égard les permissions les plus étendues. Disciplines sanglantes, veilles, jeûnes, surajoutés à l'excessive pauvreté de la nourriture et des vêtements, tout était mis en œuvre pour affirmer l'empire de l'âme sur la chair et de la grâce victorieuse de Jésus-Christ sur la nature. On ne relit pas sans frémir les défis portés par ces hommes intrépides aux conditions les plus indispensables de la santé et du travail [2]. Il faut

1. Sur les pénitences du Bienheureux, voir Blain, livre II. chap. i, v, x, xi.

2. Blain, livre II, chap. ii. La maison du noviciat de Vaugirard, entr'ouverte de tous les côtés, laissait pénétrer le vent, la neige et la pluie. Ceux qui l'habitaient n'avaient pour tout lit qu'un traversin rempli de paille d'avoine, et une mauvaise paillasse arrangée sur des planches et

cependant ajouter, pour être véridique, que, depuis l'année 1702, Jean-Baptiste de la Salle dut faire céder à l'obéissance l'héroïsme de la pénitence embrassée par lui et ses compagnons. L'autorité ecclésiastique crut devoir y apporter des tempéraments que semblaient impérieusement réclamer les fatigues incessantes du ministère si laborieux de l'enseignement [1]. Le Bienheureux regretta peut-être de n'être plus aussi libre de se livrer à son attrait pour la mortification, et il put craindre qu'un genre de vie moins constamment rigoureux n'amenât parmi les siens un déchet de la ferveur primitive. Mais il obéit et Dieu bénit son obéissance, comme il bénit visiblement la fermeté avec laquelle il refusa toujours de céder aux instances d'amis et de protecteurs trop peu clairvoyants, qui voulaient lui persuader de modifier la constitution essentielle de son Institut. L'avenir a justifié sa résis-

deux tréteaux, avec des draps de la plus grosse toile. Ceux qui étaient proches des fenêtres se trouvaient pendant l'hiver trempés de pluie ou couverts de neige. Leur linge même gelait pendant la nuit, surtout durant le rigoureux hiver de 1692-1693, et il leur fallait prendre, le matin, ces vêtements glacés. Le chanoine Blain ajoute que leur unique moyen de se réchauffer était de prendre la discipline jusqu'au sang (p. 332 et 333).

1. Blain, livre II. chap. XX.

tance. Mais elle fut pour beaucoup dans les oppositions et contradictions formidables faites à sa personne et à son œuvre par des ecclésiastiques de grande vertu, qui ne purent lui pardonner ce qu'ils appelaient son entêtement.[1]

Au milieu de toutes ces tempêtes, de ces reproches injustes, de ces continuelles persécutions, Jean-Baptiste eut mille occasions de déployer l'héroïsme de la patience et du silence. Il souffrait avec une admirable égalité d'âme et dévorait sans sourciller les plus pénibles affronts.[2]

C'était alors qu'on le voyait le plus absorbé dans l'oraison à laquelle il ne demandait pas en vain le secret de la force. De lui, comme de saint Martin, on aurait pu dire que son âme ne se relâchait pas de la prière : *Invictum ab oratione spiritum non relaxabat*[3], état qu'il exprimait lui-même par un sublime barbarisme, quand il affirmait qu'il lui était impossible *de se désoccuper de Dieu.*

Aussi, toujours plus semblable au divin Agneau égorgé pour le salut du monde, il se

1. Armand Ravelet, *Vie.* Ed. Mame, p. 262.
2. Omnia pertulit, omnia exsorbuit, animo non minus æquo quam invicto. (Lettres apostoliques du décret de Béatification.)
3. *Brev. rom.* Off. sancti Martini, episcopi Turonensis.

laissait immoler sans ouvrir la bouche, et fidèle aux grandes et sacerdotales leçons que lui avaient données au séminaire de Saint-Sulpice des maîtres directement formés à l'école de M. Olier et du P. de Condren, il se réjouissait intérieurement d'avoir part à l'état d'hostie, qui est le propre état de Jésus-Christ au très saint Sacrement et le type achevé de ce que doit être le vrai prêtre, à la fois sacrificateur et victime. [1]

1. « Les prêtres souffriront en silence qu'on les foule aux pieds, qu'on les batte, qu'on les opprime, semblables en cela aux espèces du pain et du vin, qui ont été traitées de la sorte pour être mises en état de renfermer Notre-Seigneur en elles; car les unes ont été sous la meule, les autres foulées aux pieds et sous le pressoir ; et même leur substance a été tout à fait anéantie pour être totalement convertie en Jésus-Christ.

» Ils seront ravis d'être traités de la sorte et n'auront point de plus pressants désirs que d'être éprouvés extérieurement par les mortifications, par les outrages et les persécutions, et de souffrir qu'intérieurement l'esprit de Notre-Seigneur anéantisse en eux tout ce qu'il y a d'humain, et qu'il les fasse vivre de sa propre vie afin qu'ils soient ainsi des hosties mortes à l'extérieur et vivantes à Dieu dans l'intérieur. » Rien ne résume plus exactement l'esprit de Jean-Baptiste de la Salle et ne donne une idée plus complète de la grâce dominante de sa vocation à la sainteté que cette admirable page, empruntée à M. Olier, dans son *Traité des saints ordres*. (IIIe partie, ch. VII, p. 460.)

Mais dans le plan total de Dieu sur la sanctification de ses élus, les souffrances ne sont pas une fin à laquelle il faille s'arrêter. Quand l'apôtre saint Paul a résumé en quelques mots l'histoire des prodigieux anéantissements du Verbe incarné, devenu semblable à nous dans l'infirmité de notre nature, afin de pouvoir souffrir et mourir, il indique, avec toute la rigueur d'un syllogisme, comment l'humiliation et la mort deviennent un principe de gloire et de résurrection. Chaque année, dans une heure très émouvante de ses offices liturgiques, quand l'Église nous fait passer avec elle des mystères de douleur et d'ensevelissement, médités pendant les grandes journées du vendredi et du samedi saints, à la joie triomphante de la fête de Pâques, elle ne manque pas de nous rappeler ce raisonnement dont la logique est si encourageante : « Jésus-Christ a été obéissant jusqu'à la mort et à la mort de la croix. Mais à cause de cela, *propter quod*, Dieu l'a exalté et lui a donné un nom qui est au-dessus de tout nom. » [1]

---

1. Semetipsum exinanivit..... humiliavit semetipsum, obediens usque ad mortem, et ad mortem crucis. PROPTER QUOD et Deus exaltavit illum, et dedit illi nomen quod est super omne nomen. (Phil., II, 7-9.)

Semblable au grain de blé dont il est parlé dans la parabole évangélique [1], Jean-Baptiste de la Salle avait été jeté en terre ; et là, il avait subi « les morts » les plus continuelles et les plus humiliantes, *in mortibus frequenter* [2]. Fidèle aux prévenances et aux sollicitations de la grâce, il s'était attaché à la courageuse imitation de la passion de Jésus-Christ. Les vertus chrétiennes et sacerdotales, pratiquées par lui à un degré héroïque, attestaient qu'il demeurait en Dieu et que Dieu demeurait en lui. Le moment était venu où, suivant la promesse si formelle du Sauveur, cette vie sainte allait porter beaucoup de fruit : *Qui manet in me et ego in eo, hic fert fructum multum.*

V

Six ans seulement après la mort de Jean-Baptiste de la Salle, ses règles étaient solennellement approuvées par une bulle du pape Benoît XIII [3]. Rome répondait ainsi à la filiale

---

1. Joann., x, 2. 24.
2. II Cor., xi, 23.
3. Bulle *In apostolicæ dignitatis solio*, du 25 janvier 1725.

7*

confiance que ce prêtre fidèle n'avait jamais cessé de lui témoigner, lorsqu'il avait résisté de toutes ses forces au torrent du Jansénisme dans lequel tant de consciences sacerdotales se laissaient alors entraîner. L'ancien élève de Saint-Sulpice n'avait jamais voulu être que du parti de l'Église ; à son tour, l'Église, par l'organe de son chef, recommandait au respect du monde entier cette humble famille des Frères, naguère contredite et persécutée, et les constitutions auxquelles elle voulait obéir.

Ces règles vénérables, au milieu de quelles agitations des événements et de quelles oppositions des hommes elles avaient été composées par leur auteur ! Que de luttes n'avait-il pas dû soutenir pour les maintenir dans leur intégrité et ne pas les faire fléchir à des idées étroites et personnelles qui auraient sacrifié l'avenir au présent, s'il leur avait été donné de prévaloir ! Elles étaient bien les filles de ses douleurs, et il aurait pu les appeler du nom significatif que Rachel mourante imposait à l'enfant qui lui coûtait la vie [1]. Elles

----

1. « Egrediente autem anima præ dolore et imminente jam morte, vocavit nomen filii sui Benoni, id est filius doloris mei. » (Gen., xxxv, 18.)

On ne peut lire ces règles sans être frappé de la

étaient assurément la plus chère de toutes ses œuvres, puisqu'elles renfermaient en germe la vie ultérieure du nouvel Institut. Il n'eut pas, il est vrai, la consolation d'entendre lui-même le jugement porté par l'Église sur ce code qui reflète si fidèlement toutes les surnaturelles lumières reçues par lui dans l'oraison au sujet d'une entreprise qu'il n'avait embrassée que pour obéir à l'appel de la grâce et après avoir foulé aux pieds les préférences et les répugnances de la nature.

Cette solennelle déclaration, rendue par le pape Benoît XIII, est comme le signal d'une germination puissante.

Il est, dit-on, des climats dont la température constamment printanière exerce sur les jeunes plantes une action à la fois si douce et si efficace, que le regard peut presque suivre d'heure en heure les progrès de leur crois-

sagesse dont elles sont inspirées, de la méthode qui y règne et de leur parfaite adaptation au but poursuivi par le saint Fondateur. Elles ne sont, à le bien prendre, — et c'est le plus bel éloge que l'on en puisse faire, — qu'une continuelle application des principes essentiels de la foi au ministère d'enseignement et de dévouement embrassé par l'Institut, pour l'éducation des classes populaires. Aussi, l'emblème et la devise choisis par le Bienheureux pour sa famille religieuse leur conviennent de la façon la plus directe : *Signum fidei.*

sance. Sur ces tiges qui montent toutes gonflées de sève, s'épanouissent dans une succession rapide, les feuilles, suivies des fleurs qui apportent avec elles les riches espérances des fruits.

Ainsi, de la mort de la croix, pratiquée avec tant d'héroïsme par Jean-Baptiste de la Salle, au nom des vœux de son baptême, des promesses de son sacerdoce, des engagements de sa vie religieuse, on voit sortir la prodigieuse vitalité et fécondité de son Institut.

En 1719, au moment où, après tant d'humiliations et de tribulations, Dieu faisait entrer son serviteur dans le repos de son éternité, l'œuvre naissante comptait seulement vingt-cinq écoles en France et une à Rome.

Moins de soixante ans après, en 1778, il résulte d'un tableau statistique dressé à la diligence du frère Agathon, quatrième supérieur général, que la famille religieuse de l'abbé de la Salle se composait de 760 Frères, dirigeant en France 114 écoles.

Mais bientôt la Révolution éclate. Elle frappe et disperse toutes les congrégations. En dépit des services incontestés qu'ils rendaient depuis cent vingt ans à la cause de l'enseignement populaire, les Frères ne sont pas plus épargnés que les autres. L'arbre toutefois était si bien enraciné dans notre terre de France que, malgré la violence de la tempête, il ne put pas être détruit. Dès 1803, un décret autorisait les Frères à se réunir et à reprendre leur mission [1]. Ils le firent d'abord en qualité d'instituteurs et en portant l'habit laïque. En 1805, un nouveau décret leur permit de reprendre l'habit religieux. Depuis cette époque, les développements pris par l'Institut atteignent des proportions auxquelles on ajouterait difficilement foi, si elles n'étaient certifiées par des documents incontestables. Le grain de sénevé planté par le serviteur de Dieu, arrosé des larmes de ses tribulations et du sang de ses terribles pénitences, est vraiment devenu un arbre qui étend ses vigoureux rameaux sur quatre des cinq parties du monde. Ici les chiffres ont plus d'éloquence que toutes les formules oratoires, et je ne sache rien qui justifie d'une façon plus éclatante les divines promesses du Sauveur que cette simple nomenclature des maisons de l'Institut. A l'heure actuelle on en compte

---

1. Pendant les années de la tourmente révolutionnaire, un grand nombre d'entre eux avaient continué à tenir des écoles, comme maîtres libres ou accrédités par les communes.

1,625 en Europe; 39 en Asie; 56 en Afrique; 176 en Amérique, ce qui donne un total de 1,896 établissements, tenus par plus de onze mille Frères, auxquels il faut ajouter environ 3,000 sujets formés à divers degrés dans les grands et dans les petits noviciats.

Je vous l'ai déjà dit, mes chers auditeurs, vous avez au milieu de vous, en ce moment, le général de cette pacifique armée suscitée par le dévouement d'un grand cœur pour combattre partout l'ignorance et le vice, et former l'enfance aux bonnes mœurs, à la science et à la religion. Je vous remercie encore une fois des visibles et touchantes sympathies dont vous avez, tous ces jours, entouré sa personne et son Institut.

Le frère Joseph est entré dans la vie religieuse sous la direction du frère Philippe, de si vénérée mémoire [1]. Qu'il me permette de lui souhaiter une carrière aussi féconde et la consolation de voir se multiplier encore, pour le bien de la société contemporaine, la grande famille qu'il a reçu mission de gouverner.

---

1. Le frère Philippe, né le 1er novembre 1792, élu supérieur général le 21 novembre 1838, mort le 7 janvier 1874.

N'avais-je pas raison, chrétiens, lorsque nous commencions les belles fêtes de ce *Triduum*, de m'inspirer de la parole de Notre-Seigneur Jésus-Christ et d'en faire l'application à l'homme et à l'œuvre que je me proposais d'étudier devant vous : « Celui qui demeure en moi et en qui je demeure, porte beaucoup de fruit. » *Qui manet in me, et ego in eo, hic fert fructum multum ?*

VI

J'aurais voulu pouvoir consacrer un discours tout entier à l'histoire posthume du Bienheureux. Quelle ample moisson nous aurions pu y recueillir de traits instructifs et édifiants ! Quelles réponses victorieuses elle nous aurait fournies aux mensonges impudents que l'on ne cesse de débiter sur l'état de l'instruction primaire en France, antérieurement à la campagne de laïcisation antichrétienne qui se poursuit sous nos yeux avec tant de passion et d'acharnement. Avec quelle joie nous aurions constaté combien les fils spirituels de Jean-Baptiste de la Salle sont demeurés fidèles à l'esprit de leur père et à la grâce initiale de leur vocation !

Je vous aurais montré les Frères prenant, dès 1744, l'intelligente initiative de cet enseignement professionnel et spécial qui se surajoute à l'instruction élémentaire, pour rendre les enfants du peuple capables de s'élever par leur travail et d'améliorer progressivement leur situation sociale. C'est ainsi qu'on les voit fonder à Boulogne-sur-Mer une haute école de commerce ; créer à Montauban une bibliothèque populaire ; ouvrir à Paris des classes gratuites de dessin ; établir, soit à Angers, soit à la Martinique, des externats professionnels ; publier d'excellents livres classiques, marqués au cachet d'une expérience consommée de la pédagogie ; enfin, et au prix d'un pénible surcroît de travail, inaugurer ces cours du soir destinés aux adultes, que la puissance de l'exemple et une salutaire émulation ont tellement multipliés [1] depuis trente ans.

---

1. Le 15 novembre 1888, un concours a eu lieu dans nos cinq ports militaires, pour les fonctions de mécaniciens des équipages des flottes françaises. La liste, dressée par ordre de mérite, comprend soixante-sept noms. Les numéros 1, 2, 4, 5, 6, 7, 8, 10, ont été obtenus par les élèves des Frères.

En regard de ces généreux et constants efforts déployés à partir du dix-huitième siècle, par les disciples de Jean-Baptiste de la Salle, pour développer au sein des classes populaires l'estime de l'instruction et les moyens pratiques de l'acquérir, il ne serait que juste de placer les quolibets, les sarcasmes, les odieuses réflexions de ces philosophes, auxquels aujourd'hui on dresse des statues et qu'on a l'audace de présenter à la démocratie contemporaine comme les amis et les libérateurs du peuple, enténébré et opprimé par l'Église.

« Au peuple, sot et barbare, écrivait Voltaire, il faut, comme au bœuf, un joug, un aiguillon et du foin. » [1]

Jean-Jacques Rousseau, auteur du *Contrat social,* ne pensait pas autrement sur ce sujet : « N'instruisez pas, disait-il, l'enfant du laboureur, il ne mérite pas d'être instruit. »

En 1762, le procureur général La Chalotais, resté cher à la libre pensée à cause de la part qu'il a prise à l'expulsion des Jésuites, exprimait de la façon la plus dédaigneuse son mépris pour le peuple et son aversion pour ceux qui tentaient de l'instruire :

1. Lettre du 3 février 1769.

« Le peuple même veut étudier ! Le bien de la société demande que les connaissances du peuple ne s'étendent pas plus que ses occupations.

» Les Frères de la Doctrine chrétienne sont survenus pour achever de tout perdre. Ils apprennent à lire et à écrire à des gens qui n'eussent dû apprendre qu'à dessiner et à manier le rabot et la lime. »

Ces paroles injurieuses, adressées aux peuples et aux maîtres de ses enfants, valaient à leur auteur les très significatives félicitations de Voltaire. A la date du 28 février 1763, il écrivait au procureur général : « Je ne puis trop vous remercier, Monsieur, oui, je vous remercie de proscrire l'étude chez les laboureurs. Envoyez-moi surtout des Frères ignorantins pour conduire mes charrues ou pour les atteler. »

Aimables plaisanteries auxquelles applaudissaient les beaux esprits d'alors, sans se douter, peut-être, que la logique des passions antichrétiennes ne tarderaient pas à traduire ces sarcasmes en proscriptions dont l'échafaud serait le couronnement.

Qu'elle a été digne et courageuse l'attitude des enfants de Jean-Baptiste de la Salle au milieu de la tourmente révolutionnaire !

Comme ils se sont montrés fidèles au Saint-Siège et à la hiérarchie apostolique, en refusant d'adhérer à la constitution schismatique de l'Église de France! Avec quelle simplicité, pleine de grandeur, ils ont comparu devant des juges, dont l'unique mission était alors de condamner l'innocence et la vertu, et quel langage ils y ont tenu ! Quoi de plus noble et de plus français, par exemple, que cette réponse du frère Martien aux proconsuls de Rennes : « Je dirige une école gratuite. Si vos protestations d'attachement au peuple ne sont pas une hypocrite et menteuse formule, mes fonctions me justifient, et, loin de pouvoir m'être imputées comme un crime, elles me donnent un droit forcé à votre reconnaissance. » Il fut aussitôt envoyé à la guillotine.

A ces traits, qui font tant d'honneur à l'Institut des Frères, j'en pourrais ajouter bien d'autres, s'il m'était permis de conduire jusqu'à nos jours cette trop rapide revue de leur histoire.

Mais il faut mettre un terme à ces discours et tirer de la vie que nous avons méditée ensemble quelques conclusions pratiques.

VII

Veuillez d'abord, mes chers auditeurs, vous rappeler les tribulations extraordinaires auxquelles il a plu à Dieu de soumettre Jean-Baptiste de la Salle. Il n'y a aucune exagération à lui appliquer ce que saint Paul a dit de lui-même et des premiers chrétiens : « Nous sommes la balayure du monde ; on nous méprise ; on nous chasse ; on nous traite avec un suprême dédain. »[1]

Songez maintenant à la récompense dont jouit le Bienheureux. Fixez vos regards sur ce tableau qui le représente tout entouré de lumière et ravi dans l'éternelle extase de la vision et de la possession de Dieu.

Ainsi, dans les desseins très sages et très équitables de Dieu, chaque chose a son temps[2]. Ne nous laissons donc jamais troubler, ni par les épreuves auxquelles Dieu soumet ses serviteurs et ses enfants fidèles, ni par les pros-

---

1. I Cor., IV, 13.
2. « Justum et impium judicabit Deus et tempus omnis rei tunc erit. » (Eccl., III. 17.)

pérités dont il laisse souvent jouir ses contradicteurs et ses ennemis. Une heure arrive où la justice reprend ses droits et où chacun est mis à la place qui lui appartient. La place des humbles et des mortifiés est tout près du trône et du cœur de Dieu. *Deposuit potentes de sede et exaltavit humiles.* [1]

Je vous prie également, mes chers Frères, de considérer comment, dans le plan total de la divine Providence, l'humiliation, la souffrance, la croix, ne sont pas le terme suprême de la destinée du chrétien. Dieu, qui est essentiellement bon et la source du bonheur, nous a créés et rachetés pour nous rendre heureux. Souffrir et mourir ne sont que des moyens. L'Évangile nous apprend qu'ils sont nécessaires à notre salut et à notre sanctification. Mais on ne s'arrête pas aux moyens, même nécessaires ; on les traverse pour aller au delà et atteindre le but. Oh ! si nous pouvions entendre avec quels accents de reconnaissance et de joie ceux qui ont eu la sagesse et le courage d'employer ces moyens si coûteux à la nature expriment maintenant leur bonheur ! Écoutons-en l'écho lointain, dans ces paroles de David et de saint Paul, qu'il

1. Luc. i. 52.

nous sera doux de placer sur les lèvres mêmes de notre Bienheureux : « Nous nous sommes réjouis pour les jours d'humiliations et pour les années mauvaises dont le Seigneur a jugé à propos de nous accabler ! Aussi bien, il n'y a aucune proportion entre les souffrances de cette vie passagère et la gloire dont nous sommes environnés. »[1]

Oui, mes chers auditeurs, tel est le langage des saints.

Mais qu'est-ce donc qu'être saint, et en quoi la sainteté consiste-t-elle ?

Être saint, c'est prendre au sérieux les enseignements de la foi, les paroles et les exemples de Jésus-Christ, les vœux du baptême. Il n'en est pas un seul d'entre nous ici auquel l'Église n'ait dit les paroles qui étaient prononcées le 30 avril 1651 sur l'enfant dont la grâce baptismale devait faire d'abord un chrétien, puis un saint : « Reçois le signe de la croix, tant sur le front que dans le cœur, prends la foi des divins préceptes[2]. » Dans les commencements de l'Église, être baptisé, être

---

1. « Lætati sumus pro diebus quibus nos humiliasti, annis quibus vidimus mala. » (Ps. LXXXIX, 15.) « Non sunt condignæ passiones hujus temporis ad futuram gloriam quæ revelabitur in nobis. » (Rom., VIII, 18.)

2. Rituel romain. adm. du baptême.

chrétien, être saint, c'était tout un. Adressées à des païens de la veille, qui venaient à peine de recevoir le sacrement de la régénération, la plupart des épîtres de saint Paul portent cette suscription significative : « Aux saints des Églises de Corinthe, d'Éphèse, de Thessalonique, etc. » Seigneur, donnez-nous ou rendez-nous la conscience très vive des engagements de notre baptême et de la sainteté dont ils nous imposent la glorieuse obligation !

Enfin, mes chers auditeurs, je veux appeler votre attention sur une pensée que j'estime très propre à nous consoler et à nous fortifier dans la crise douloureuse que nous traversons. Ne sommes-nous pas quelquefois portés à penser qu'il n'y a plus rien à espérer d'un pays et d'une époque où l'on a vu si souvent la sottise prévaloir sur le bons sens et la force opprimer le droit ? Plus d'une fois, je le sais, les circonstances ont pu paraître autoriser cette pénible et dangereuse tentation. Il y faut cependant résister et savoir persévérer dans cette patience invincible qui prépare et mérite les secours providentiels proportionnés à nos besoins et à nos périls.

En vérité, peut-on se laisser aller à croire que le bras de Dieu soit raccourci et qu'il ait

réprouvé la France, comme si elle s'était rendue définitivement indigne de sa miséricorde ?
Numquid abbreviatus est spiritus Domini ?[1]

A cette question redoutable, je réponds
hardiment : Non.

En effet, mes chers Frères, la France a
encore sa part, et sa grande part, dans le
travail de surnaturelle fécondité qui donne à
l'Église du ciel des héros et des saints. Durant
cette glorieuse année de son jubilé, Léon XIII
a mis au nombre des Bienheureux ces deux
prêtres, nos compatriotes, qui ont donné, au
dix-septième et au dix-huitième siècle, de si
beaux exemples des vertus les plus achevées
du christianisme et du sacerdoce [2]. Avant peu
de temps, dans quelques semaines, deux
autres Français seront également inscrits par
le Pape au nombre des élus auxquels l'Église
militante de la terre est autorisée à décerner
un culte public [3]. Ceux dont je parle appar-

1. Mich., II, 7. Cf. Is., L, 2; LIX, I.

2. Il nous sera permis de rappeler ici que le cardinal
ponent de la cause du Bienheureux de la Salle est un
fils de l'Église d'Autun, S. Em. le cardinal Jean-Baptiste Pitra, de l'ordre de Saint-Benoît, évêque de Porto
et de Sainte-Rufine, sous-doyen du Sacré-Collège.

3. Le P. Perboyre, lazariste, martyrisé en Chine le
11 septembre 1840, et le P. Chanel, mariste, martyrisé
en Océanie le 28 avril 1841.

tiennent au présent siècle ; beaucoup de nos contemporains ont pu les voir et les connaître. Appelés à la sublime vocation de l'apostolat parmi les nations infidèles, ils ont scellé de leur sang, au milieu de tourments affreux, supportés avec la plus admirable constance, la prédication de l'Évangile de Jésus-Christ. La vérité, la consolante vérité est que, malgré les prodigieux efforts déployés par la science et par la politique antichrétiennes pour assurer le règne de la libre pensée, la France donne toujours, sans compter, son or pour les œuvres du zèle et de la charité, son sang pour l'apostolat et pour le martyre ! Elle continue à enfanter des saints. Non, Dieu ne l'a pas abandonnée, et plus que jamais, suivant la recommandation de son Esprit, nous devons être « les fils de la bonne espérance ». [1]

* *

Nous lisons au livre d'Esther qu'au moment où l'impie Aman se disposait à user de sa puissance pour opérer l'extermination en masse des Juifs établis dans l'empire d'As-

---

1. « Bonæ spei fecisti filios tuos. » (Sap. xii, 19.)

suérus, le vénérable Mardochée, oncle de la nouvelle reine, lui envoya un message confidentiel. Il donnait mission à la pieuse princesse d'aborder le souverain et de le prier pour « son peuple et pour sa patrie » : *Ut ingrederetur ad regem et rogaret pro populo suo et pro patria sua.* [1]

Tel est aussi le ministère d'intercession dont nous voulons vous charger, ô vous ! dont nous sommes venus célébrer le triomphe et qui avons droit de compter sur votre charitable crédit auprès de Dieu. Priez-le pour votre peuple et pour votre patrie ! Vous avez aimé la France et vous avez bien mérité d'elle, en vous faisant, vous, fils de noble et riche famille, pauvre volontaire et humble maître d'école, afin d'instruire les enfants des classes laborieuses. A d'autres, vous avez laissé le rôle facile des déclamations et des flatteries à l'adresse du peuple que l'on trompe et que l'on réduit à une vraie servitude, en lui parlant de liberté. Vous vous êtes montré l'ami sincère de ceux qui travaillent et qui souffrent, en vous dévouant à les instruire, à les élever, à développer en eux les nobles et fortes vertus dont le christianisme a entendu faire

1. Esth., xv, 1.

le contrepoids des inévitables épreuves de la
vie présente.

Cet amour désintéressé de la patrie et du
peuple, vous l'avez transmis à vos fils, et ils
en gardent avec fidélité le précieux héritage.

Il y a dix-huit ans, aux jours des terribles
épreuves de la France envahie et ensan-
glantée, on les a vus, sur les champs de
bataille et dans nos ambulances, déployer un
héroïsme de dévouement et de charité qui
arracha plus d'une fois des cris d'admiration
à nos généraux et à nos médecins. On enten-
dit alors l'illustre Compagnie, seul reste parmi
nous des institutions du dix-septième siècle,
se faire l'interprète de la reconnaissance
publique, et j'avoue qu'il ne m'est pas indiffé-
rent de rappeler ici comment, chargée par les
généreux citoyens de Boston d'offrir une
récompense aux actes les plus signalés de
courage et de vertu civiques accomplis pendant la guerre, l'Académie française la dé-
cerna solennellement aux Frères des Écoles
chrétiennes ; « à ce corps aussi modeste qu'il
est utile ; que tout le monde connaît ; que tout
le monde estime, et qui, dans ces temps mal-
heureux, s'est acquis une véritable gloire. » [1]

1. Discours de M. le duc de Noailles, directeur de
l'Académie française. (Séance du 5 août 1872.)

O bienheureux Jean-Baptiste ! en échange du tribut d'honneurs que cette chère population d'Autun a été si heureuse de vous offrir, demandez pour elle, pour tout le diocèse, pour ce respectable clergé, pour l'évêque dont la voix a essayé de faire connaître votre vie et vos vertus, demandez un continuel accroissement de foi, de courage dans les luttes difficiles, de zèle au service de la vérité, de confiance immuable dans le triomphe de la justice.

A ces fidèles, qui se réjouissent de votre gloire ; à ces enfants élevés dans les écoles libres et chrétiennes dont vous êtes plus que jamais maintenant le puissant protecteur, obtenez par vos prières la grâce d'être d'infatigables serviteurs du règne de Dieu. Puissions-nous tous marcher d'un pas intrépide sur les traces de vos exemples, et mériter ainsi d'être un jour associés à votre gloire et à votre béatitude !

Autun — Dejussieu, imp. de l'Evêché.

www.ingramcontent.com/pod-product-compliance
Lightning Source LLC
LaVergne TN
LVHW050629060726

842527LV00004B/1237